História de sinais

História de sinais
© Luzia Faraco Ramos, 1987

Editor gerente	Fernando Paixão
Editora	Claudia Morales
Editora assistente	Shirley Gomes
Preparadora	Carla Mello Moreira
Apêndice	Ernesto Rosa
Coordenadora de revisão	Ivany Picasso Batista
Revisoras	Eliza Hitomi Yamane
	Luciene Ruzzi Brocchi

Arte	
Projeto gráfico e editoração eletrônica	Homem de Melo & Troia Design
Editor	Marcello Araujo
Diagramador	Eduardo Rodrigues
Bonecos em massinha	Patrícia Lima
Ilustrações do Minialmanaque	Marcelo Pacheco
Fotos dos bonecos	Thales Trigo

Agradecemos a Luiz Galdino e Nilson Joaquim da Silva pelas sugestões e apoio editorial.

CIP-BRASIL. CATALOGAÇÃO NA FONTE
SINDICATO NACIONAL DOS EDITORES DE LIVROS, RJ

R144h
17.ed.

Ramos, Luzia Faraco
    História de sinais / Luzia Faraco Ramos ; ilustrações Marcelo Lelis. - 17.ed. - São Paulo : Ática, 2001.
    104p. : il. - (A descoberta da matemática)

    Contém suplemento de atividades
    ISBN 978-85-08-08032-8

    1. Matemática - Literatura infantojuvenil. I. Lelis, Marcelo. II. Título. III. Série.

11-4853.   CDD: 510
                                    CDU: 510

ISBN 978 85 08 08032-8 (aluno)
ISBN 978 85 08 08033-5 (professor)

2017
17ª edição
21ª impressão
Impressão e acabamento: Edições Loyola

Todos os direitos reservados pela Editora Ática
Av. Otaviano Alves de Lima, 4400 – CEP 02909-900 – São Paulo, SP
Atendimento ao cliente: 4003-3061 – atendimento@atica.com.br
www.atica.com.br

IMPORTANTE: Ao comprar um livro, você remunera e reconhece o trabalho do autor e o de muitos outros profissionais envolvidos na produção editorial e na comercialização das obras: editores, revisores, diagramadores, ilustradores, gráficos, divulgadores, distribuidores, livreiros, entre outros. Ajude-nos a combater a cópia ilegal! Ela gera desemprego, prejudica a difusão da cultura e encarece os livros que você compra.

História de sinais

Luzia Faraco Ramos
Matemática e
psicopedagoga

Ilustrações
Marcelo Lelis

As mil e uma equações
Ernesto Rosa
equações de 2º grau

Aventura decimal
Luzia Faraco Ramos
números decimais

Como encontrar a medida certa
Carlos Marcondes
perímetros, áreas e volumes

Em busca das coordenadas
Ernesto Rosa
gráficos

Encontros de primeiro grau
Luzia Faraco Ramos
equações de 1º grau

Frações sem mistérios
Luzia Faraco Ramos
frações: conceitos fundamentais
e operações

Geometria na Amazônia
Ernesto Rosa
construções geométricas

História de sinais
Luzia Faraco Ramos
conjunto dos números inteiros

Medir é comparar
Cláudio Xavier da Silva e
Fernando M. Louzada
construção de um sistema de medidas

O código polinômio
Luzia Faraco Ramos
polinômios

O que fazer primeiro?
Luzia Faraco Ramos
expressões numéricas

O segredo dos números
Luzia Faraco Ramos
sistemas de contagem
(em diversas bases/decimal)
e potenciação

Saída pelo triângulo
Ernesto Rosa
semelhança de triângulos

Uma proporção ecológica
Luzia Faraco Ramos
razão, regra de três e porcentagem

Uma raiz diferente
Luzia Faraco Ramos
raiz quadrada e raiz cúbica

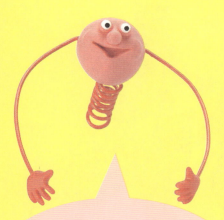

Vamos mostrar um resumo do que Milena aprende com Alexandre. Ela compreende o significado dos números positivos e negativos e aprende a fazer cálculos com eles. Mas é claro que ela aprende não só Matemática...

Oi! Nós somos os mascotes da coleção **A Descoberta da Matemática** e vamos acompanhar você nesta aventura sobre o conjunto dos números inteiros.

Não deixe de ler o **Minialmanaque** no final do livro. Nós preparamos várias curiosidades matemáticas para você se divertir!

Boa leitura!

Sumário

Alexandre

1	O hóspede	9
2	Passeio de moto	12
3	Primeiras aulas	17
4	Imagem positiva na família	24
5	No clube	26
6	Atração entre opostos	29
7	Transformação	32
8	Cumplicidade	35
9	Sinais comprometedores	37
10	Jogo de bilhar	43

11	Encontro no mirante	49
12	Pescaria a quatro mãos	54
13	Ciúmes	63
14	Garota Sabe-tudo	68
15	Preparativos para o baile	73
16	Na sala de jantar	76
17	Desconfiança	83
18	Telegrama	89
19	E agora?	92
20	Acerto de contas	94
	Minialmanaque	97

Milena

1

o hóspede

Havia algo mais naquele verão. As pessoas estavam mais agitadas que de costume; o céu, azul como nunca; e a brisa parecia soprar de encomenda. A opção de lazer mais concorrida era o clube da cidade. Porém, nem tudo era alegria. Uma frequentadora acabara de chegar com a expressão mais aborrecida do mundo. Carla, sua amiga, não pôde deixar de perceber:

— Nossa! Que cara é essa, Milena?

— Hoje chega um hóspede lá em casa. Você não vai acreditar: fui expulsa do meu quarto e vou ter de dormir na sala.

— Hóspede? É algum parente?

— É um tal de Alexandre. Ele é filho de uns amigos de meus pais.

Carla ficou curiosa, queria mais informações.

— Como ele é?

— Sei lá. Chega agora à tarde. Parece que está procurando emprego.

— De repente, pode ser um cara legal...

— Não vai se animando, não. Ele é bem mais velho que a gente. Só espero que não seja um chato!

— Bem... Com ou sem hóspede, o melhor é cair na piscina — falou Carla, mudando de tom. — Férias são férias!

Quando saíam do clube, as duas riam despreocupadas, quando foram abordadas por um motoqueiro.

— Por favor... Como eu chego ao Campo Limpo?

— Já chegou — respondeu Carla. E apontou para a frente: — Aquela é a avenida principal.

— Obrigado — agradeceu o jovem com um sorriso simpático.

Depois que ele deu a partida e se afastou, Carla comentou com a amiga:

— Puxa! Será que ele não precisa de mais alguma informação?

Milena riu:

— Com aqueles olhos, muitas meninas vão querer ajudá-lo!

Pararam diante da casa de murinho baixo e portão de ferro. Era a casa de Carla. E a tristeza tomou conta do rosto de Milena.

— Quer dizer que você viaja amanhã mesmo?

— Viajo. Mas não se preocupe que eu volto para o baile de debutantes no clube.

— Acho que o tal do Alexandre ainda vai estar por aqui...

— E daí? É bom mesmo que a cidade esteja cheia de visitantes, o baile fica mais animado...

As despedidas não terminavam, mas, finalmente, Milena acabou indo para casa. Mal pisou na varanda, ouviu vozes na sala: o hóspede tinha chegado.

— Cristina, sabe que não consigo imaginar como está a Milena! Ela era tão pequena quando a vi...

Não havia dúvida, era o hóspede quem falava. "Era só o que faltava", pensou a garota. "Aposto que vai dar uns tapinhas na minha cabeça e dizer: 'Nossa! Como você cresceu!'"

A garota entrou na sala com cara de poucos amigos.

— Olha ela aí — apontou Cristina, mãe de Milena.

Quando a garota voltou-se para cumprimentar o visitante, levou o maior susto.

— Você?!

— Ora... — comentou Alexandre. — Se eu soubesse, teria oferecido uma carona!

Milena ainda não se recobrara totalmente da surpresa: Alexandre era o motoqueiro que parara as meninas na rua.

— Você veio procurar emprego... É isso?

— É, e estudar também. Meu sonho era conseguir um estágio na ZD Brasil, uma empresa de computação da minha cidade. Já participei das entrevistas e fiz as provas de seleção, mas não me chamaram... Então, quero ver se consigo transferência para uma faculdade daqui e, se tudo der certo, encontrar um canto para morar.

— Será uma grande mudança na sua vida...

— Uma mudança definitiva! — concordou ele.

João Batista, pai de Milena, não demorou a chegar. E, enquanto jantavam, a garota ouviu com interesse a animada conversa entre o pai e o hóspede.

Após a sobremesa, Milena pensava consigo mesma como havia sido boba. Alexandre parecia ser um cara legal, inteligente e simpático.

Passeio de moto

Enquanto se ajeitava no sofá da sala para dormir, Milena viu a porta de seu quarto aberta e resolveu ir até lá.

— Pensei que já estivesse dormindo... — disse ela.

— Estou preparando algumas aulas... Estou de olho numa vaga para dar aulas de recuperação num colégio.

— Pelo jeito, é bom as pessoas da cidade se cuidarem. Parece que você quer se candidatar a todas as vagas — brincava Milena, quando, de repente, alguns papéis sobre a mesa chamaram sua atenção.

— O que foi? — perguntou Alexandre.

— Mas... isso é Matemática! E que sinais são esses na frente dos números? — quis saber a garota, curiosa.

$$-7 + 9 - 5 = -3 \qquad\qquad +3 - (-8) =$$
$$ +3 + 8 = +11$$

$$+16 - (+4) + (-6) =$$
$$+16 - 4 - 6 = +6$$

— Você ainda não estudou isso? — perguntou Alexandre.

— Estou atrasada na escola, repeti um ano.

— Hum... Então acho que vai poder me ajudar!

— Mas eu acabei de dizer que não entendo nada disso!

— Por isso mesmo. Você pode ser minha aluna; assim eu posso praticar.

Milena concordou com a proposta e combinaram que iriam começar logo a nova experiência.

Na manhã seguinte, enquanto tomavam café, o locutor da rádio local informou:

— Hoje o tempo será bom, com a temperatura devendo chegar à marca dos 30 graus...

— O dia vai ser quente — comentou Cristina. — Filha, por que não leva o Alexandre para conhecer a represa?

— Claro — concordou Milena. — Podemos ir agora de manhã, que é mais fresco. E, além disso, estou doida para andar de moto!

— Ainda bem que eu trouxe um capacete extra — disse Alexandre.

Depois de rodarem pelas margens da represa, pararam para curtir melhor a paisagem.

— Que lugar lindo!

— Pena que quase não tem chovido. Veja como o nível da água está baixo...

Ela apontou para o marcador do nível da água da represa, junto à borda.

— A água está 2 metros abaixo do nível normal — comentou Alexandre.

A garota estava encantada com seu novo amigo. Quis mostrar--lhe todos os arredores e aproveitaram para conversar bastante. Depois de algum tempo, subiram na moto e seguiram até o centro da cidade. Pararam no banco.

Enquanto Alexandre consultava o caixa eletrônico, Milena observava o movimento e procurava algum rosto conhecido. Foi quando ouviu uma conversa semelhante à que escutava às vezes em casa.

— Como meu saldo pode estar negativo? — reclamava o cliente. — Ontem mesmo eu depositei um cheque de valor maior que o débito indicado aqui!

— É que essa importância só vai ser creditada na sua conta hoje — explicou o funcionário do banco. — Aí seu saldo vai ficar positivo.

Milena ficou muito curiosa com o diálogo e, na saída, perguntou ao amigo:

— O que é saldo negativo?

— Olhe, existe uma relação entre o saldo negativo da conta bancária, a água abaixo do nível na represa e os sinais que você viu ontem nos meus rascunhos.

Milena não teve tempo para perguntar mais nada. Alexandre subiu na moto, consultou o relógio e comentou:

— Ficamos fora mais do que devíamos... sua mãe deve estar nos esperando para almoçar...

— É mesmo. Já passa do meio-dia! — conferiu Milena, surpresa.

Após o almoço, quando Alexandre começava a explicar a questão do saldo negativo, o telefone tocou. Era de uma das empresas onde pretendia estagiar.

— Estão me chamando para uma entrevista — avisou ele. — Na volta, a gente conversa.

Cristina ouvira a conversa sobre o banco e quis satisfazer logo a curiosidade da filha:

— Os bancos têm um tipo de conta que permite que os clientes passem cheques e saquem dinheiro mesmo sem saldo disponível — explicou a mãe.

— Como seu cheque especial?

— Exatamente. Ontem mesmo meu saldo estava negativo. Isso significa que gastei mais dinheiro do que tinha no banco.

— Então você está devendo ao banco? — assustou-se Milena.

— Estou. Mas não é um problema muito grave. Os bancos permitem esse tipo de operação, dentro de um limite preestabelecido. Mas a gente não deve abusar, pois os juros são altos.

— Juros?

— Milena, já está na hora de você ir se acostumando com essas palavras — riu a mãe.

Enquanto falava, Cristina tirou da bolsa um extrato bancário:

```
BANCO BANCOR                            EXTRATO
Ag. 019  Conta 01437-6  11/01/2001   15h45

CRISTINA MACHADO ROCHA

DIA     HISTÓRICO        ORIGEM      VALOR
07      saldo anterior               180,00
08      pag. conta       150        -180,00
08      saldo                          0,00
09      depósito         034         140,00
09      saldo                        140,00
10      cheque           655        -130,00
10      saldo                         10,00
11      cheque           656         -40,00
11      saldo                        -30,00
```

— Aqui está registrada a movimentação que fiz nos últimos dias. Veja... eu tinha um saldo positivo de R$ 180. No dia seguinte, foi debitado o valor de R$ 180 para pagar o supermercado e fiquei com saldo zero...

— Hum... Estou começando a entender. Depósito é o que colocamos no banco e débito, aquilo que é descontado. Certo?

— Isso mesmo.

Milena pegou o extrato e se pôs a conferir:

— Depois, você depositou R$ 140 e ficou com esse saldo, já que antes o saldo era zero. Aí o banco descontou um cheque no valor de R$ 130 e sobraram R$ 10...

A mãe acompanhava os cálculos, acenando afirmativamente.

— Então foi descontado um cheque de R$ 40... Como você só tinha R$ 10 na conta, ficou com saldo negativo de R$ 30... É colocado o sinal de menos quando se faz uma retirada ou quando o saldo fica devedor. Mãe, você terminou a semana devendo R$ 30!

— Estou com um cheque de R$ 200 para depositar hoje.

— R$ 200? Se vai depositar 200 e deve 30, vai ficar com saldo positivo de 170. Certo?

— Sim! — concordou Cristina. — Acho que já posso deixar o orçamento da casa por sua conta.

— Pode deixar que gasto tudo sozinha!

3

Primeiras aulas

Quando Alexandre entrou em casa, no final da tarde, Milena correu ao seu encontro.

— Alexandre, descobri a relação entre saldo negativo, o nível da água na represa e os sinais dos números!

Ela puxou-o para o sofá e se pôs a falar com entusiasmo:

— Esta manhã, na represa, a água estava 2 metros abaixo do nível. Era como se o marcador contasse uma quantidade de água que não estava lá. E o saldo negativo no banco representa um dinheiro que não temos, que estamos devendo...

— É isso mesmo!

— A quantidade que está faltando ou que foi retirada é indicada com o sinal de menos na frente, como alguns números do seu rascunho.

— Hum... Vamos começar pela represa. Os números acima da marca mais grossa, que representa o nível normal da água, não tinham sinais. Como no extrato bancário, quando o saldo era positivo.

Milena acompanhava a explicação quando ele perguntou:

— Sabe quantos anos você tinha a primeira vez que a vi?

Ela quase não disfarçou a contrariedade. "Lá vem ele me chamando de criança de novo", pensou.

— Você tinha 5 anos — continuou Alexandre — e mudou muito,

não se parece nada com aquela garotinha. Mas, continuando, estou comentando isso para perguntar o seguinte: será que preciso dizer que a vi pela primeira vez quando você tinha 5 anos positivos?

— Ora, é claro que não — respondeu ela sorrindo. — Idade é algo que se conta conforme o tempo vai passando.

— Pois bem, então tudo aquilo que tenho, tudo aquilo que vejo pode ser representado por um número positivo. Ou, então, tudo aquilo que estiver acima de uma determinada referência, como no caso do marcador de nível.

— Então, se eu tiver num banco R$ 10, eu tenho um saldo positivo de R$ 10?

Alexandre concordou, e Milena quis saber mais:

— Então os números que sempre usei na escola eram números positivos?

— Exatamente, é como se eles tivessem um sinal positivo, só que um sinal que não se escrevia, que não se via, e sabe por quê? Porque até então você só conhecia o conjunto dos números naturais.

Alexandre pegou seu bloco de anotações e escreveu:

$$\mathbb{N} = \{0, 1, 2, 3, 4, 5, 6, 7, 8, 9, 10, 11, 12, 13, 14, 15, ...\}$$

— Essa é a representação do conjunto dos números naturais. Eles surgiram da necessidade que o homem tinha de contar as coisas do seu dia a dia. Porém, numa certa época da História, o homem sentiu necessidade de contar também as coisas que faltavam, que ele devia ou que estavam abaixo de uma referência estabelecida por ele. E o que fez então?

— Criou os números negativos? — perguntou a garota.

— Certo. Eles já usavam números em seu aspecto positivo. Com a criação dos números negativos, podiam representar a ideia de quantidades que faltavam. E começaram a usar sinais para diferenciar os números positivos dos números negativos.

— Vai ver — observou Milena — que antes de pensar no número como negativo eles nem tinham percebido que os números que usavam eram positivos, não é mesmo?

— É bem provável — respondeu Alexandre. — Foi comparando que eles perceberam claramente as diferenças.

— Então, quando começaram a pensar dessa forma descobriram um novo conjunto, não é?

— Certíssimo. Assim surgiu o conjunto dos números inteiros, contendo os números inteiros positivos e negativos, que são os números menores que zero.

— Por que os inteiros negativos são menores que zero, Alexandre?

— Vou dar um exemplo: –8 graus é uma temperatura menor do que 0 grau.

— Vamos ver se entendi. No caso da represa, quando o nível da água está em –2, tem menos água do que quando está no zero. É isso?

— Isso mesmo, seu exemplo foi perfeito. Veja só isto.

Então Alexandre começou a representar o conjunto dos números naturais e dos inteiros em suas respectivas retas numéricas.

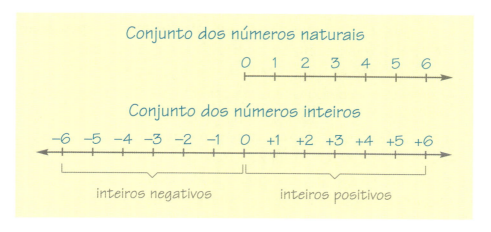

— O conjunto dos números inteiros é uma ampliação do conjunto dos números naturais, por incluir todos os números menores que zero.

— Ah! Na reta, os números positivos ficam à direita do zero e os negativos, à esquerda — observou Milena.

— Isso mesmo, esta forma de representar os conjuntos faz a gente entender sua localização.

— E os números inteiros são infinitos, como os naturais?

— O que você acha?

— Hum... acho que, se existem infinitas quantidades positivas, também deve haver infinitas quantidades negativas.

— Isso mesmo, Milena! Este novo conjunto também pode ser representado entre chaves, e a letra que o representa é este $\mathbb{Z}$ meio diferente, veja:

$$\mathbb{Z} = \{..., -6, -5, -4, -3, -2, -1, 0, +1, +2, +3, +4, +5, +6, ...\}$$

— É como se um lado fosse o espelho do outro, só que ao contrário, e o zero é o ponto de partida para a direita ou para a esquerda — comentou Milena.

— Parabéns! Você percebeu que o conjunto $\mathbb{Z}$ é formado por dois subconjuntos infinitos: os inteiros positivos e os inteiros negativos.

E dizendo isso Alexandre deu um abraço muito espontâneo em Milena, que não perdeu a oportunidade de retribuir.

Depois de respirar fundo, Milena conseguiu dizer:

— Acho que as pessoas nem percebem que utilizam os números do conjunto $\mathbb{Z}$. Por exemplo, quando dizemos que a temperatura está acima ou abaixo de zero, não é mesmo?

— Sim — confirmou o rapaz. — Hoje pela manhã, quando o locutor da rádio disse que a temperatura chegaria a 30 graus, logo imaginamos que seria um dia quente, porque naturalmente esse 30 era positivo.

— No ano passado a temperatura chegou a ficar abaixo de zero em algumas cidades do sul do Brasil.

Então Alexandre propôs o seguinte:

— Milena, vamos imaginar que estamos na Antártida, numa estação de pesquisa. Alguém olha pela janela um termômetro que está do lado de fora e diz: "A temperatura lá fora é de 20 graus".

— Ora, é claro que esses 20 graus devem ser abaixo de zero! Já pensou se alguém muito desligado ouvisse isso e resolvesse dar um mergulho? Ia virar estátua de gelo!

— Então, para evitar entrar em "alguma fria", é sempre bom deixar claro se estamos nos referindo a um número positivo ou negativo.

— Mas no dia a dia os números positivos não trazem sinal. Percebi isso no extrato do banco. Nos valores positivos apareciam só os números. Nas retiradas e nos saldos devedores aparecia o sinal negativo na frente do número.

Enquanto Alexandre ouvia atentamente e concordava, rascunhava o seguinte:

Temperatura	$\lceil$ 23 °C acima de zero ou +23 °C ou 23 °C $\lfloor$ 15 °C abaixo de zero ou −15 °C
Nível da água	$\lceil$ 2 metros acima ou +2 ou 2 $\lfloor$ 2 metros abaixo ou −2
Saldo bancário	$\lceil$ saldo positivo de R$ 40 ou +R$ 40 ou R$ 40 $\lfloor$ saldo negativo de R$ 30 ou −R$ 30

— No dia a dia, não precisamos colocar sinais quando as quantidades forem positivas, mas vamos combinar que, quando estivermos estudando, vamos colocar, certo?

— Tudo bem — respondeu Milena.

Ele ia fazer menção de parar, mas Milena pediu:

— Pode continuar, com você eu aprendo sem me cansar.

Alexandre aproveitou a disposição dela:

— Então vou propor um desafio: descubra como representar esses conjuntos.

E escreveu:

$$\mathbb{N} =$$
$$\mathbb{Z}_+ =$$
$$\mathbb{Z}_- =$$

— Fácil, veja só, Alexandre:

$$\mathbb{N} = \{0, 1, 2, 3, 4, 5, 6, 7, 8, 9, \ldots\}$$
$$\mathbb{Z}_+ = \{0, +1, +2, +3, +4, +5, +6, +7, +8, +9, \ldots\}$$
$$\mathbb{Z}_- = \{\ldots, -9, -8, -7, -6, -5, -4, -3, -2, -1, 0\}$$

— Muito bem, Milena...

— Escrevi os números nas mesmas posições em que estavam nas retas numéricas. Até que isso não é difícil.

— Nada é difícil quando a gente entende o que está fazendo. Mas isso é só o começo, Milena.

— Eu já disse e vou repetir: aprender com você é uma delícia, Alexandre!

— Você é esperta, interessada e uma graça de garota.

Milena ficou toda corada.

— Só mais uma pergunta: o zero é positivo ou negativo?

Milena voltou a se concentrar, pensou um pouco e respondeu:

— O zero não é negativo nem positivo. Ele é zero, não sobra nem falta nada!

— Perfeito, você acaba de ganhar um milhão — exclamou Alexandre.

— E com esse "milhão" vamos fazer uma enorme bacia de pipoca! — completou Milena, sorrindo.

Foi uma farra só, os dois queriam agitar a panela para que os milhos estourassem mais, e num desses momentos suas mãos se tocaram. Milena percebeu o calor das mãos de Alexandre, mas ele não notou o que ela havia sentido. Para Milena o que estava lhe acontecendo era muito especial.

— Alexandre, cuide da pipoca que vou pegar o refrigerante e os copos.

Sentaram-se e Alexandre contou para ela muitas coisas sobre sua vida, do que mais gostava de fazer e até lembrou–se de quando começou a gostar de Matemática:

— Durante algum tempo, eu não gostava, mas tive uma professora, chamada Cecília, que conseguiu fazer com que eu entendesse o que estava aprendendo. Só então me senti capaz de aprender Matemática. Hoje, adoro quando posso ser o elo entre alguém e o prazer de compreender Matemática.

Naquele momento, Milena ainda não tinha se dado conta do quanto estava gostando desse elo.

4

Imagem positiva na família

Devoraram a enorme bacia de pipoca e Milena brincou:

— Tínhamos uma enorme quantidade positiva de pipocas e agora chegamos ao zero!

— Já que você está voltando ao assunto... Era uma vez o sr. Pedro... Ele tinha um saldo negativo de R$ 300 e depositou R$ 1 000. Com quanto dinheiro ele está agora?

Milena pegou seu caderno, registrou e calculou:

$$-300 + 1\,000 = +700$$

— O saldo está em R$ 700 positivos.

— Em seguida foi debitado um cheque de R$ 800.

Partindo do resultado anterior, ela anotou a situação:

$$+700 - 800 = -100$$

— Sr. Pedro tinha R$ 700 e gastou R$ 800, é claro que o saldo ficará devedor novamente, em R$ 100.

— Agora ele fez uma retirada de R$ 250...

Milena indicou e calculou:

$$-100 - 250 = -350$$

— Xiii, Alexandre, esse sr. Pedro está gastando muito, vou fazer um depósito na conta dele de R$ 800.

$$-350 + 800$$

— E agora, dona espertinha, saia dessa, foi você mesma que inventou... — desafiou Alexandre.

Milena pensou um pouco e comentou:

— Entraram na conta R$ 800. Ao pagar os R$ 350 que devia, o cliente fica com... um saldo positivo de... R$ 450 reais.

Alexandre confirmou que estava certo e ela registrou o resultado no cálculo já iniciado:

$$-350 + 800 = +450$$

— Muito bem — cumprimentou o amigo.

Enquanto ele falava, a mãe de Milena chegou.

— Pelo jeito a conversa é séria — brincou.

— É séria sim, Cristina. Já descobrimos muitas coisas hoje.

— Vocês estão estudando Matemática? — perguntou Cristina, surpresa.

— Eu só estou dando uma força para um futuro professor — disse Milena, com uma piscadela.

— Ia pedir para um de vocês me ajudar com o jantar, mas podem continuar com os cálculos. A Milena nunca se interessou por Matemática, isso é um milagre.

— Hoje, nada de trabalho — propôs Alexandre.

— E ninguém janta, não?

— Meu saldo está positivo no banco e nós vamos jantar fora. Vocês e o João são meus convidados — concluiu Alexandre.

— Eu acho ótimo! — aplaudiu Milena.

— Combinado! — aceitou Cristina.

— É só o tempo de o João chegar e tomar um banho, e nós saímos.

5

No clube

O jantar tinha sido longo e divertido. Resolveram ir a uma pizzaria recém-inaugurada à beira da represa, onde a maior atração eram as pizzas feitas em forno a lenha e servidas sobre pedras aquecidas. Adoraram escolher entre mais de 50 variedades da casa. O ambiente estava animado: muita gente, entre risos e conversas, aproveitava a noite quente e estrelada, que uma leve brisa tornava ainda mais convidativa.

Milena acordou tarde no dia seguinte. Já passava das nove e a garota, ainda sonolenta, encontrou um bilhete no sofá. Deu uma olhada na assinatura e leu em voz alta:

> Milena,
>
> Bom dia! A pizza de ontem estava deliciosa; e a companhia, melhor ainda. Fui fazer uma entrevista num colégio. Aproveite o dia para nadar; a previsão é que a temperatura passe dos 30 graus (positivos, claro!). Deixei algo para você pensar.
>
> Alexandre

Ao lado do sofá, havia um caderno com uma série de situações envolvendo números inteiros. Milena tomou o café às pressas. Pôs o caderno, a toalha e o maiô na mochila e foi para o clube.

Depois do mergulho e de algumas voltas na piscina, sentou numa das mesinhas com guarda-sol. Só então começou a ler o que Alexandre havia deixado.

Imagino que esteja no clube. Assim, vou usar como exemplo uma competição esportiva, para você contar os pontos de um time. Calcule os pontos e represente as propostas numericamente (conjunto $\mathbb{Z}$).

Boa sorte!

À medida que lia, Milena ia registrando:
— A equipe ganha 7 pontos de saída, mas logo perde 5...

$$+7 - 5 = +2$$

— Em seguida, perde 4 pontos...

$$+2 - 4 = -2$$

— O time se desestrutura e, então, perde 8 pontos seguidos...

$$-2 - 8 = -10$$

— De repente, o time se recupera e ganha 12 pontos...

$$-10 + 12 = +2$$

— Num descuido da defesa, lá se vão 3 pontos...

$$+2 - 3 = -1$$

Na última jogada, o time fez 15 pontos!
Com quantos pontos o time terminou a partida?
Encontro você logo mais aí no clube.

Um beijão.

"Ele está mandando um beijão!", pensava Milena. "Será que foi intencional ou só uma forma gentil de terminar o bilhete? Vamos ver... vamos ver..."

E foi acrescentando a última informação...

$$-1 + 15 = +14$$

E por um bom tempo ela ficou lendo a frase final do bilhete, completamente distraída e confusa com os próprios sentimentos.

Algum tempo depois, Alexandre chegou, já de maiô.

— Ei, Milena! Volte para a terra!

— Oi! Meu time ficou com 14 pontos!

— Sabia que você ia acertar! E você disse que não entendia nada desses cálculos quando viu minhas anotações pela primeira vez, lembra?

— Não entendia mesmo. Até encontrar um professor que me despertou...

Alexandre não disse nada, e Milena continuou:

— Suas anotações não eram tão simples. Tinham parênteses e muitos sinais...

— Milena, por favor, me poupe! — disse Alexandre brincando. — Vamos ver quem completa 1 000 metros positivos primeiro!

Os dois colocaram as toucas e os óculos de natação e partiram para a competição.

6

Atração
entre opostos

Depois de 30 minutos sem parar de nadar, Milena e Alexandre completaram várias voltas na piscina. A garota chegou alguns segundos antes do rapaz.

Voltaram para as cadeiras para tomar um pouco de sol. Eles ainda estavam deitados nas espreguiçadeiras, com o rosto coberto por bonés, quando Alexandre perguntou:

— O que significa para você a ideia de oposto?

— Acho que é algo ao contrário...

— Então qual o número oposto a -8?

— O $+8$?

— Certo. E qual número será o oposto de $+12$?

— Ora, -12! — respondeu ela, agora com segurança.

— Muito bem, Milena! Em outras palavras, o oposto de um número é aquele que, na reta numerada, está à mesma distância do zero. Como num espelho.

— Sei — respondeu ela. — Você está querendo dizer que ter 8 é o contrário de dever 8.

— Ou seja, $+8$ é o oposto de -8 — comentou ele.

Alexandre levantou-se e rascunhou a reta numérica, relacionando os números opostos, e, pegando a mão de Milena, pediu:

— Milena, saia deste sol, já está muito quente, venha e veja isso.

Milena levantou-se e se sentou ao lado de Alexandre. Pegou as anotações e começou a completar:

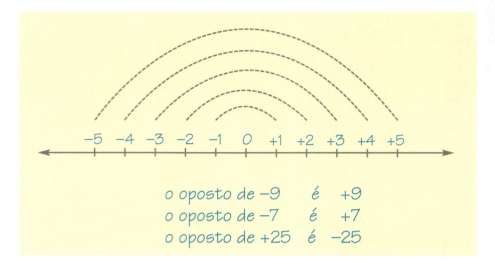

o oposto de −9   é   +9
o oposto de −7   é   +7
o oposto de +25 é   −25

Ele acenou com a cabeça indicando que tudo estava correto, mas ela retrucou:

— Alexandre, o que isso tem a ver com os parênteses que vi nas suas anotações?

— Já chegamos lá! O primeiro passo é ter clara a ideia do que é o oposto de um número.

— Isso eu já tenho! Então vamos adiante, já que me tirou do sol.

E ele escreveu:

Dois números são opostos ou simétricos quando têm sinais contrários. Eles estão à mesma distância do zero (origem) na reta numerada.

+(−8) =   −(+13) =
+(+4) =   −(−6) =

— Na frente da cada parêntese, há um sinal.
— E o que faço com isso, Alexandre?
— O sinal positivo na frente de um parêntese indica que vale o número que está lá dentro.

— Ah!

— E quando o sinal negativo está na frente do parêntese ele "pede" o oposto do número — continuou Alexandre.

— Isso tem sentido — concordou a jovem — porque o sinal negativo traz também a ideia de contrário.

— Na Matemática, sempre há uma lógica, Milena, basta pesquisarmos.

— Então podemos acabar com esses parênteses, Alexandre?

— Sim, aplicando a informação do sinal que está na frente dele:

$$o \text{ mesmo que } -8$$
$$+(-8) = -8$$

$$o \text{ contrário de } +13$$
$$-(+13) = -13$$

$$o \text{ mesmo que } +4$$
$$+(+4) = +4$$

$$o \text{ contrário de } -6$$
$$-(-6) = +6$$

— Entendi, Alexandre, veja só:

$$o \text{ mesmo}$$
$$+(-10) = -10$$

$$o \text{ contrário}$$
$$-(+13) = -13$$

$$o \text{ contrário}$$
$$-(-35) = +35$$

$$o \text{ mesmo}$$
$$+(+45) = +45$$

— Vou fazer uma anotação especial sobre isso:

PARA ELIMINAR OS PARÊNTESES

$+(\ \ )$ o mesmo sinal do número

$-(\ \ )$ o oposto do sinal do número

— Agora, Milena, acho melhor irmos tomar banho. Podemos almoçar aqui no clube, mas não demore, estou com muita fome — pediu o rapaz.
— Pode deixar, encontro você no restaurante.

Transformação

Milena tentou se arrumar o melhor que pôde. Secou os cabelos; passou um batom clarinho. Vestiu um short jeans, uma camiseta legal e calçou tênis, que só agora reparara que estavam um pouco detonados.

Olhou-se no espelho antes de sair e gostou do resultado, mas estava decidida a cuidar mais da aparência.

O restaurante do clube era envidraçado, dava para as piscinas e para o bosque, o que tornava o ambiente muito aconchegante.

— Você está linda, Milena! E que perfume gostoso nos seus cabelos! — foi assim que Alexandre a recebeu.

"Isso parece estar esquentando", pensou ela, sorrindo para ele.

Almoçaram conversando muito, como sempre, e desta vez foi ela quem contou mais de si. Nem parecia haver uma diferença de 7 anos entre eles.

Logo, porém, Milena começou a se sentir incomodada. Na área da piscina, deitada ao sol com um biquíni mínimo, Ester não tirava os olhos deles... agora ela acenava e estava prestes a se aproximar; vestia uma minissaia quase menor que o biquíni! Elas não eram amigas, apenas conhecidas do clube. Agora, de repente, queria chegar com ares de intimidade. Era evidente que ela estava de olho no Alexandre: cara novo na cidade, interessante, bonito.

Então tocou o celular dele:

— Alô? Está bem... posso sim... estarei aí em uma hora. Milena, torça por mim, acabo de ser chamado para uma entrevista! Vamos, deixo você em casa e troco de roupa.

Milena aproveitou a deixa e quase o arrastou dali antes que Ester tivesse tempo de se aproximar.

Já em casa, depois que Alexandre saiu, ela deitou em sua cama, que estava com o perfume dele. "Qual será a dele em relação a mim? Será que me vê como a garotinha que conheceu quando criança? Como a filha de um casal amigo somente? Ou como alguém com quem está praticando dar aulas? Às vezes, fica tão carinhoso... Não consigo decifrar o olhar dele, só sei que comigo é meigo e atencioso... E esta diferença de idade... ele é 7 anos mais velho que eu. Será que tem namorada? Nunca disse nada... Mas como um cara legal como ele pode ficar sozinho? Impossível! Ele deve ter alguém..."

Levantou-se, olhou-se no espelho de corpo todo e decidiu:

— Vou dar um trato no visual.

Milena passou o resto da tarde no cabeleireiro. Fez um corte que realçava seu belo rosto, deu banho de creme para aumentar o brilho e a maciez dos cabelos, fez as unhas, acertou as sobrancelhas, comprou maquiagem... roupa nova... Enfim tirou a tarde para se cuidar.

Além de acabar com sua mesada, estava com um saldo negativo de R$ 20. Ficara devendo parte das roupas, que pagaria com a mesada do mês seguinte. Mas tinha valido a pena.

8

Cumplicidade

O primeiro a chegar em casa foi João Batista.

— Filha, como você está diferente, bonita, arrumada... Vai a alguma festa?

— Não, pai, minha vida já é uma festa — disse num abraço gostoso. — Já adiantei alguma coisa para o jantar. Como Alexandre disse que adora suflê... já está assando...

Cristina chegou comentando:

— Que cheiro bom que vem da cozinha! Talvez alguma fada madrinha tenha vindo preparar o jantar. Milena, como você está linda! Onde comprou esse vestido? Seu cabelo ficou ótimo! Quem cortou?

Milena contou todas as novidades para a mãe.

— Quanto à comida, não foi fada, não, mãe. Foi a princesa da casa. Eu mesma. Fiz o que sabia. Agora você termina? Eu não sei o ponto de tirar o suflê do forno.

— João, está percebendo como Milena está diferente, de um dia para outro? Há pouco tempo ela só andava com aquele tênis desamarrado, calça desfiada e camiseta de time de futebol...

— Notei, sim! Agora tem se arrumado mais, se perfumado, anda de roupa nova, cabelo arrumado, toda feminina... Cristina, nossa garotinha cresceu e nem percebemos — enquanto dizia isso, João puxou a filha para si, num abraço.

— Talvez esteja apaixonada por alguém do clube... — provocou a mãe.

— Ih, mãe, não é nada disso...

— É ótimo ver você tão feliz, Milena! — disse o pai.

Alexandre foi o último a chegar. Assim que viu Milena, se surpreendeu e pensou: "Como está linda! Alexandre, se segure! Ela é muito jovem, filha de amigos, isso pode ser complicado". Mas ele não aguentou e disse:

— Milena, você está encantadora! Aliás, você é encantadora! — deu um beijo em seu rosto e entregou uma das rosas que havia trazido. A outra era para Cristina.

Naquela noite, todos estavam muito animados, até jogaram uma partida de buraco. Casal contra casal, é claro, sugeriu Milena, assim podia aumentar a intimidade com Alexandre. Durante as jogadas, os olhares sempre se cruzavam, aparentemente pela cumplicidade do jogo. O jovem casal ganhou e fez a maior farra.

Depois do jogo, os dois ficaram sozinhos na sala. Por alguns instantes, houve uma tensão no ar, não sabiam o que fazer, aquela situação insinuante perturbava a ambos. Alexandre foi o primeiro a falar:

— A entrevista de hoje não deu em nada, eles querem uma pessoa com um perfil diferente do meu. Além disso, havia mais de 30 pessoas atrás da mesma vaga.

— Acho que você está perdendo tempo com essas empresas. Podia investir mais em ser professor, você é muito bom nisso, sabe ser muito divertido, me faz perceber claramente os conceitos, me ensina a pensar... acho que vai se dar muito bem.

— Talvez você tenha razão. Que tal me ajudar no treinamento? Ainda tem muito chão pela frente.

— Está legal, vamos ao nosso curso intensivo sobre o conjunto $\mathbb{Z}$.

9 Sinais comprometedores

Decidiram ir para a mesa da cozinha, onde poderiam fazer barulho sem incomodar os pais de Milena. Alexandre pegou os rascunhos que a garota havia visto na noite em que ele chegara.

— Acho que, com o que você já sabe, pode resolver isto facilmente:

$$+8 + (-6) =$$

— Alexandre, posso considerar que os números positivos são quantidades que tenho ou ganho, e os negativos quantidades que devo ou gasto, não é mesmo?

— Você já sabe que sim, agora é só aplicar seus conhecimentos. E Milena, com segurança, foi comentando seu raciocínio:

— Começo eliminando os parênteses. O sinal positivo na frente do parêntese pede para manter o sinal do –6. — Ela fez a substituição e já calculou:

$$+8 - 6 = +2$$

— Tenho 8 e gasto 6, fico com 2, ou seja, +2. Ora, isso é muito fácil mesmo, vou para o próximo...

Alexandre sorriu, concordando.

$$-15 + (-5) =$$

— Elimino os parênteses, mantenho o mesmo sinal do –5...

$$-15 - 5 = -20$$

— Estou devendo 15 e gasto 5, ficarei devendo 20, ou seja, –20. Aqui eu somei dívidas e, claro, continuei devendo. Essa situação é semelhante à que vivi hoje à tarde...

— Como assim, Milena?

— Bobagem minha.

Milena não quis contar que comprara aquele vestido que usava e ficara devendo, isso seria totalmente inadequado naquele momento.

Estar ali pertinho dele quase tirava sua concentração, e ela teve de se esforçar para passar ao exercício seguinte:

$$+30 + (+8) =$$

$$+30 + 8 = +38$$

— Mantenho o sinal do +8. Tenho 30 e ganho 8, fico com 38. Isso está muito fácil!

— Milena, em todas essas situações havia o sinal positivo na frente dos parênteses, indicando que se devia manter o mesmo sinal do número contido nele.

— Isso eu já sei.

Como estavam bastante próximos, ele podia sentir o calor do corpo dela.

— Um novo desafio... — disse ele com voz bem baixa, como que para se controlar.

$$+ 38 - (+18) =$$

— Lembrando: "Um sinal negativo na frente do parêntese pede o oposto do sinal do número que está lá dentro".

— Isso eu também já sei! — respondeu Milena.

— Então continue — ele não queria que aquela proximidade acabasse.

— Primeiro vou eliminar os parênteses. O oposto de +18 é –18.
— Ela fez a substituição e já calculou:

$$+38 - 18 = +20$$

— Tenho 38 e gasto 18, portanto, fico com 20. Vamos ao próximo!

Milena estava nas nuvens, era uma delícia aquela cumplicidade que crescia entre eles.

$$-40 - (-9) =$$

— Quantos sinais negativos! Eliminando os parênteses... o oposto de –9 é +9.

$$-40 + 9 = -31$$

— Devo 40, pago 9, continuarei devendo 31, mas pelo menos minha dívida diminuiu.

— Excelente, você já está fazendo tudo sozinha.

Toda convencida e sorridente, resolveu o seguinte:

$$-70 - (+25) =$$

— O oposto de +25 é –25. Vou substituir e calcular.

$$-70 - 25 = -95$$

— Devo 70, aí gasto 25... Xiii... fico devendo 95. Agora esta dívida ficou maior! Que situação!

— Pois eu diria que sua situação é excelente, sem perceber já está fazendo adições e subtrações no conjunto $\mathbb{Z}$.

— Eu? Mas só estou eliminando parênteses e aplicando um pouco do que sei sobre números inteiros!

Então Alexandre reuniu todos os cálculos que ela havia feito.

a) $+8 + (-6) =$

$+8 - 6 = +2$

b) $+30 + (+8) =$

$+30 + 8 = +38$

c) $+38 - (+18) =$

$+38 - 18 = +20$

d) $-40 - (-9) =$

$-40 + 9 = -31$

— Milena! Veja! Você está calculando adições e subtrações no conjunto $\mathbb{Z}$!

Então ela se deteve para olhar atentamente e ele comentou:

— O sinal positivo na frente dos parênteses indica uma adição.

— E o sinal negativo indica uma subtração! — completou Milena.

— Você percebeu a lógica das operações de adição e subtração no conjunto $\mathbb{Z}$ e fez cálculos sem precisar decorar nada! Só usando sua compreensão!

— Mas isso tudo é muito lógico; parte desses cálculos eu já tinha feito quando contei os pontos daquele time que você criou e que resolvi hoje de manhã no clube.

— É verdade, só faltava acrescentar situações envolvendo os parênteses. E para comemorar eu vou preparar para você um delicioso chá gelado com suco de laranja. Você nunca tomou nada igual!

Enquanto ele se envolvia na preparação da bebida, ela decidiu registrar o que havia compreendido naquele dia.

Ela terminou e logo fechou o caderno.

— Deixe–me ver o que escreveu.

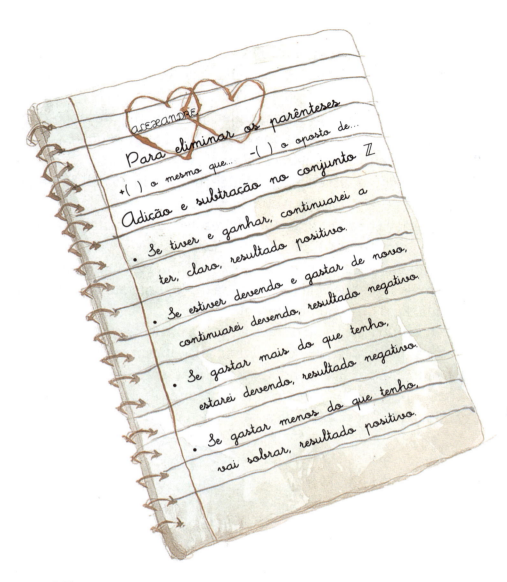

— Não...

Mas ele insistiu e pegou o caderno.

Tudo estava correto, mas quando viu seu nome e os corações desenhados ficou sem saber o que fazer. Milena ficou sem ação e tentou disfarçar.

— Foi você quem me mostrou como gostar de Matemática!

Ele decidiu ser direto. Aproximou-se dela e, olhando-a nos olhos, disse, baixinho:

— Você aprendeu a gostar só da Matemática?

Foi quando Cristina entrou.

— Ainda estudando? E esse chá, está gelado? Que bom, vai cair muito bem.

Nenhum dos dois pôde responder, ambos sorriram concordando, mas Cristina percebeu que havia algo diferente no ar.

Alexandre foi o primeiro a falar:

— Este chá é uma especialidade: chá gelado com suco de laranja. Fiz para todos nós, vou chamar o João.

Já passava das 11 horas quando resolveram se deitar, mas Alexandre comentou:

— Milena, você pode voltar para o seu quarto. Eu tenho levantado mais cedo que você, e não há razão alguma para que durma na sala. Eu é que vou dormir aqui.

E, dizendo isso, levou o travesseiro e os lençóis para a sala e foi preparando o sofá. Ela concordou, iria dormir onde ele havia dormido. Suspirou e fechou a porta, mas antes seus olhares se cruzaram, e ambos sabiam que algo muito forte estava começando a acontecer entre eles.

Jogo de bilhar

Naquela noite, Milena sonhou com Alexandre. Assim que despertou, pulou da cama e percebeu um bilhete embaixo da porta. Rapidamente abriu e leu:

> *Milena,*
>
> *Saí logo cedo para visitar vários colégios e algumas empresas. Deixei uma atividade para você lembrar de mim. Não é nada novo, e só uma forma de reduzir os cálculos. Tenho certeza de que vai achar fácil.*
> *Beijos,*
>
> *Alexandre*

— Até parece que preciso de Matemática para me lembrar dele... Mas ainda bem que ele já saiu, assim não me vê com esta cara amarrotada de acordar.

Aprontou-se, tomou café e foi tomar sol na varanda, com o material que Alexandre havia deixado, é claro!

> *Pedro novamente tinha R$ 500, gastou R$ 300 e depois recebeu R$ 150. Então, fez uma despesa de R$ 275. Em seguida, outra de R$ 100. Quanto ele tem agora?*

E Milena disse para si mesma:

— Vou ler novamente e marcar cada acréscimo ou retirada — e foi escrevendo no espaço já deixado por ele no fim da página.

$$+ 500 - 300 + 150 - 275 - 100 =$$

— Vou ter de calcular um por um... — e virou a página.

Já sei que você está imaginando que terá de fazer os cálculos um por um, estou certo? Não há necessidade!

— Ele já está adivinhando meus pensamentos... — e continuou a ler:

Sugestão: Reúna tudo o que ele tinha numa coluna e tudo o que ele gastou em outra. E descubra sozinha o que fazer.

Ela aceitou a sugestão e registrou assim:

TINHA	GASTOU
500	300
150	275
+650	100
	−675

E pensou: "Agora a situação do sr. Pedro ficou bem mais reduzida".

$$+ 650 - 675 = -25$$

— Ele gastou mais do que tinha, então está devendo 25 — disse para si mesma e continuou lendo:

Tenho certeza de que chegou ao resultado: −25. Ficou bem mais simples, concorda, Milena?

— Ele conversa comigo até de longe! Tem mais...

> Vamos sair hoje à noite? Caso seus pais não se importem, é claro. Encontro você no final da tarde.
> Um beijo,
>
> Alexandre

— Sair sozinha com ele! Claro que sim! Mas eu não vou aguentar ficar aqui em casa esperando o tempo passar. Vou tomar um solzinho para melhorar o bronzeado — arrumou a mochila e foi para o clube.

Nadou, tomou sol, jogou vôlei, almoçou por lá mesmo, só não conseguiu escapar da Ester.

— Olá, Milena! Veio sozinha hoje?
— Vim...
— Quem é aquele gato que estava com você ontem? Algum tio seu?

— Não, Ester, ele é... meu namorado!

— Puxa, nem parece... ele é tão mais velho que você! E nunca tinha visto você com ninguém...

— Pois é, adoro homens maduros, aliás, com licença... por falar em homens mais velhos, vou dar uma passadinha na sala de bilhar. Tchauzinho!

E deixou Ester falando sozinha.

— Que garota intrometida! Acho que queria ver se sobrava para ela! Tontona. — E lá se foi para a sala de bilhar.

Ao entrar teve uma surpresa:

— Pai?! Você aqui a esta hora?!

— Fui visitar um cliente depois do almoço, ele não estava e decidi tirar esta tarde de sexta-feira para um joguinho.

Ele já estava no meio da partida com um amigo, e a filha ficou observando.

Milena sabia um pouco sobre bilhar: se conseguir embocar na caçapa a bola da vez, ganha os pontos conforme o valor de cada bola; se tentar embocar uma bola fora da vez e acertar, ganha os pontos, mas, se errar, perde aquele valor...

— Pontos ganhos, pontos perdidos... acho que posso acompanhar o cálculo desses pontos — disse para si mesma.

Pegou papel e lápis numa mesinha que havia ali perto e foi registrando a contagem de pontos do pai e de seu adversário, sem dizer nada a ninguém:

> Papai
> Tinha 5. Perdeu 7. Perdeu 4 de novo! Opa, ganhou 6. Perdeu 3. Até que enfim, ganhou 9. Final da partida.
>
> Paulo
> Estava devendo 2. Ganhou 15. Ganhou 4. Perdeu 3. Ganhou 1. Perdeu 5.

No jogo de bilhar, existem dois marcadores, um para cada jogador, com bolinhas que são acrescentadas ou retiradas, mas Milena queria descobrir se, utilizando o que já sabia sobre o conjunto $\mathbb{Z}$, seria possível chegar ao resultado final e saber quem ganhou a partida.

Papai		Paulo	
pontos ganhos	pontos perdidos	pontos ganhos	pontos perdidos
5	7	15	2
6	4	4	3
9	3	1	5
+20	-14	+20	-10

$$+20 - 14 = +6 \qquad\qquad +20 - 10 = +10$$

— Parabéns, Paulo, você ganhou por 4 pontos. Estou certa, pai?

— Claro, filha, é só olhar no marcador!

— Acontece que eu não acompanhei por ali. Fui calculando matematicamente, utilizando o que tenho aprendido com o Alexandre sobre números positivos e negativos. Veja.

E mostrou para o pai todo o esquema de pontos ganhos e perdidos que havia montado. Isso o deixou muito orgulhoso, sempre achou sua filha muito inteligente, mas agora ela estava se superando.

— Tchau, Paulo, logo quero revanche. Agora vou tomar um sorvete com esta garota linda, para comemorar minha folga.

— Pai, faz um tempão que a gente não fica junto assim, sem fazer nada, não é?

— Também sinto falta disso, filha, parece que foi ontem que eu trazia você no colo para a piscina, com a boia de braço, para que se acostumasse e gostasse da água e de nadar.

— E deu certo! Outro dia fiz 1 000 metros em 30 minutos, mas já cheguei a fazer em 20 minutos.

— Que bom, mas lembre-se de que o importante não é a rapidez com que se pratica um esporte, mas sim a técnica. Exceto para quem é profissional, é claro, quando os dois aspectos são fundamentais.

— Eu nado porque gosto mesmo!

— E pelo visto agora tem uma nova paixão!

— Do que está falando, pai? — perguntou ela quase sem ar.

— Da sua nova paixão pela Matemática! Até transformou uma partida de bilhar numa oportunidade de aplicar o que aprendeu!

— Ah... é mesmo! É que o Alexandre explica tudo com tanta clareza que a gente passa a gostar mais ainda.

E toda feliz, levando as anotações que havia feito sobre o jogo, voltou para casa de carona com o pai, que não desconfiava de nada. Cristina não comentara com ele sobre o clima diferente que parecia estar rolando entre Milena e Alexandre.

Encontro no mirante

Assim que chegou em casa Milena foi se aprontar para esperar Alexandre. Escolheu no guarda-roupa algo de acordo com a ocasião: ela já tinha uma ideia de onde queria levá-lo. Enquanto isso sua mãe chegou do trabalho e soube do programa da noite para os dois. Nada disse, mas pensou:

"Acho que estava certa. Milena está diferente por causa do Alexandre. Gosto dele, é um ótimo rapaz... Eu também conheci o João quando era bem jovem. Que a vida siga seu rumo."

Quando Alexandre chegou, encontrou João Batista na sala.

— João, você se importa se eu levar Milena para passear hoje?
— Claro que não. Mas acho melhor vocês irem com meu carro.
— Obrigado, fico mais tranquilo mesmo do que se a levar na moto.
— Ah! Ia me esquecendo, você ainda gosta de pescar?
— Claro!
— Então está combinado, amanhã vamos passar o dia na represa e pescar.
— Está certo, João!

Alexandre tomou banho, fez a barba e, quando saiu do banheiro de roupão, viu que Milena já estava na sala, linda e encantadora. Saíram pouco depois, sem trocar uma palavra.

No entanto, o pai de Milena achou algo estranho:

— Cristina, quebrou algum vidro de perfume por aqui? Esta casa está tão perfumada.

— Não sei, João! Talvez... — e deu um sorriso, lembrando de si mesma com a idade da filha.

Já no carro, Alexandre perguntou:

— Onde podemos jantar ou fazer um lanche? Depois dançar, se quiser, afinal quem conhece os lugares aqui é você.

— Pode deixar, siga por aquela avenida, vou levar você a um lugar especial.

Durante o trajeto foram conversando.

— Seu pai me disse que amanhã vamos todos passar o dia na represa pescando.

— Esse meu pai! Nem se lembrou de me avisar. Ele adora ir lá, mas nunca consegue pescar nada.

— Vamos ver amanhã.

— Alexandre, suba por ali, sempre em frente...

Ele estava calado.

— Hoje à tarde, no clube, usei o que você me ensinou sobre reunir os números positivos e negativos e compará-los.

— Que legal! Como você aplicou isso?

— Numa partida de bilhar — disse ela, rindo.

— Como?!

— Depois eu conto. Anotei tudo, até mostrei para o meu pai.

— Continuo subindo por aqui, Milena, tem certeza?

— Claro, venho aqui desde criança, já cheguei a subir até de bicicleta! Falta pouco.

Ele acelerou.

Estavam no mirante da cidade. Estacionaram ao lado de muitos outros carros, e ela o levou pela mão para a murada. Dali se avistava a cidade toda.

A noite estava estrelada e quase nem se percebia onde acabava o céu e começava a cidade.

— É maravilhoso aqui, não é? — perguntou ela.

— Maravilhoso é estar aqui com você — respondeu ele.

Estavam tão perto que seus rostos quase se tocavam. Naquele

silêncio podiam ouvir a respiração ofegante um do outro. Então se olharam profundamente e seus lábios foram se tocando num longo beijo.

Ficaram abraçados, em silêncio, só olhando para o infinito azul, nem saberiam dizer quanto tempo havia se passado.

Alexandre foi o primeiro a dizer algo:

— Milena, quis fugir do que estou sentindo por você, mas tudo isso foi mais forte do que minha vontade de fazer as malas e ir embora.

— Mas ir embora por quê, Alexandre?

— Por causa dos seus pais. Eu os conheço desde pequeno. Eles podiam achar que era um abuso me receberem de portas abertas e eu me envolver com a jovem da casa!

— Ainda bem que você deixou essas bobagens de lado e está aqui comigo! Eu também passei por momentos de muita indecisão... mas resolvi ir em sua direção, sem medo.

— Medo de quê, Milena?

— Da diferença de idade que existe entre nós. Eu não estava muito segura.

— Ora, o fato de você ter 13 anos...

— Vou fazer 14... já estou vivendo o 14º ano da minha vida — disse ela com um largo sorriso.

— Está bem, está bem. Milena, o fato de eu ser mais velho não faz nenhuma diferença, adoro estar com você.

— Bem... depois de tanta emoção, depois de o meu coração bater forte como eu nunca senti... agora o meu estômago é que está reclamando!

— Onde você quer jantar? — perguntou Alexandre. — Também estou com fome.

— Jantar? Que nada, venha comigo conhecer o melhor cachorro-quente da cidade.

Um pouco adiante do estacionamento, havia um carrinho de sanduíches de um simpático casal de velhinhos. E tinha tudo de que eles precisavam.

— Meus pais vinham namorar aqui. Todo ano eles me traziam

no dia do meu aniversário. Sempre que eu quero pensar na vida, venho aqui olhar o horizonte e comer cachorro-quente com batata frita e refrigerante. Este é meu passeio predileto. E um momento especial como este só poderia ser aqui!

Ali ficaram muito tempo, conversaram bastante, o tempo todo abraçados, e firmaram um pacto:

— Milena, pelo menos por enquanto eu gostaria que tudo isso ficasse somente entre nós.

— Concordo, Alexandre. A gente vai saber o momento de contar para meus pais. Assim também fico mais tranquila. Afinal, isso só diz respeito a nós dois. Acho que vamos conseguir continuar em casa como estávamos até agora.

— Claro, só que a gente vai se sentir mais livre.

— E de vez em quando a gente dá alguma fugidinha e vai namorar.

Não desconfiavam que Cristina já havia percebido o que estava acontecendo entre eles. Mãe percebe de longe. Mas Cristina sabia respeitar a vida da filha. Orientar sim, invadir não.

Quando João Batista e a mulher chegaram, Milena e Alexandre estavam na cozinha. Alexandre preparava seu famoso chá gelado com suco de laranja, e Milena falava sobre os cálculos do jogo de bilhar.

12

Pescaria a quatro mãos

No sábado, tão logo amanheceu, todos se levantaram alegres. Cada qual tinha seus motivos para isso. Milena e os pais, acompanhados por Alexandre, viajaram em direção à represa que diziam ser o paraíso dos pescadores. O local era realmente bonito. As quatro iscas preparadas nos respectivos anzóis foram imediatamente devoradas sem que conseguissem fisgar um único peixe.

— Pelo visto, quem vai jantar são os peixes — comentou Cristina.

João distribuiu novas iscas a todos e poucos minutos depois o grupo se via novamente vencido pelos peixes. Com um sorriso maroto, a jovem anotou algo num bloco de papel que havia tirado da mochila.

— O que é que você anota aí? — quis saber o pai.

— Segredo.

João voltou às iscas e aos anzóis. As quatro linhas foram atiradas à água e, pouco depois, retiradas pela terceira vez com os anzóis limpos.

— Esses peixes são mais espertos que nós — comentou Alexandre.

E Milena acrescentou:

— Foi a terceira vez que nós quatro não pegamos nenhum. Nosso saldo de peixes está devedor.

Foi a desculpa que todos esperavam para interromper a pescaria sem peixes. Cristina e João dirigiram-se para as redes; Milena e Alexandre, por sua vez, procuraram uma bela sombra, um pouco afastada, para fugir do sol quente.

Era o primeiro momento em que ficavam sozinhos desde a noite anterior. E estavam decididos a manter o pacto combinado.

Mal se acomodaram, o rapaz foi falando:

— Você percebeu o que disse agora há pouco?

— O que foi?! Disse alguma bobagem?

— Pelo contrário! Vou contar o que você disse, em linguagem matemática.

Pegou o bloco, o lápis e escreveu:

$$(+3) \cdot (-4) =$$

— Foi isso: por 3 vezes não pescamos 4 peixes — esclareceu Alexandre.

— Uma multiplicação! — constatou ela, surpresa. Então, ele completou o cálculo:

$$(+3) \cdot (-4) = -12$$

— Estamos com um saldo devedor de 12 peixes — concluiu o rapaz em seguida. — Agora, tente pensar em outro exemplo parecido...

Após um breve intervalo para recapitular o que haviam feito, Milena propôs:

— Sou cliente de quatro bancos e estou devendo R$ 150 em cada um...

— Represente essa situação em linguagem matemática...

A jovem não só representou como calculou o resultado.

$$(+4) \cdot (-150) = -600$$

— Se devo 4 vezes 150, estou devendo 600.

— Perfeito. E se agora a multiplicação aparecer assim? — quis saber ele enquanto escrevia:

$$(-5) \cdot (+8) =$$

— Xiii, complicou. Como eu posso saber o que é –5 vezes +8?

Era a deixa para a explicação:

— O conjunto $\mathbb{Z}$, na multiplicação, tem uma propriedade chamada comutativa, que já existia no conjunto $\mathbb{N}$. Essa propriedade afirma que, ao se inverterem os fatores, o produto não se altera.

— É mesmo! Tanto faz calcular 5 vezes 8 ou 8 vezes 5, que o resultado é 40.

— Então, vou inverter os fatores...

$$(+8) \cdot (-5) = -40$$

— Entendi. Posso pensar assim: estou devendo 5 CDs para cada um dos meus 8 primos. Ou seja, devo 40 CDs.

— Milena, observe que, sem inverter os fatores, podemos chegar à mesma conclusão por outro raciocínio. Veja:

$$(-5) \cdot (+8) =$$

— Você concorda que podemos substituir –5 pelo oposto de +5?

— Podemos, porque representam a mesma situação.

E foi o que ele fez:

$$-(+5) \cdot (+8) =$$
$$-(+40) \quad = -40$$

— Alexandre, você substituiu –5 pelo seu oposto, calculou a multiplicação e aplicou de novo o conceito de oposto! Foi isso?

— Isso mesmo, Milena. Portanto, para compreender o resultado daquela multiplicação, a gente pode inverter os fatores ou substituir o primeiro fator negativo por seu oposto.

— Dá para entender as duas formas, mas eu prefiro inverter os fatores.

— Milena, tudo isso vai ficar muito mais simples. Você tem uma descoberta por fazer e, com vários exemplos, chegará facilmente a ela!

— Está bem — e, sentindo a proximidade do corpo dele, completou bem baixinho: — Assim podemos continuar aqui juntinhos. Peça, que eu já vou calculando.

$$(+5) \cdot (-7) = -35$$

— Aqui posso pensar em pontos perdidos... por 5 vezes perdi 7 pontos, portanto perdi 35 pontos.

— Certo, Milena! Prosseguindo...

$$(+10) \cdot (+7) = +70$$

— Alexandre, assim nem tem graça! Como os dois números são positivos, é o mesmo que calcular essa multiplicação no conjunto dos números naturais... Em cada barco há 7 pessoas, são 10 barcos, portanto navegam na represa 70 pessoas.

— Claro que sim! — e sussurrou: — É uma delícia estar aqui com você.

Nesse momento, a mãe aproximou-se com sanduíches.

— Vamos tomar o nosso lanche, que os peixes já estão de barriga cheia!

— Obrigado, Cristina — disse o rapaz.

Ao terminar de comer o sanduíche, João percebeu que Alexandre observava a filha com atenção incomum. Pego de surpresa, ele retomou rápido o assunto da multiplicação com a jovem, tentando concentrar-se.

— Bem... eu... quero que observe atentamente os resultados dos cálculos que já fez e veja se descobre algo que acontece sempre no cálculo da multiplicação no conjunto $\mathbb{Z}$... — e acrescentou: — Se estivermos atentos, sempre descobrimos algo, não é?

Ela sorriu para ele com um olhar maroto e foi revendo os cálculos; em seguida, se pôs a observar os sinais em todos os casos que já havia calculado.

$$(+4) \cdot (-150) = -600 \qquad (+5) \cdot (-7) = -35$$
$$(-5) \cdot (+8) = -40 \qquad (+10) \cdot (+7) = +70$$

Pensou, repensou e arriscou:
— Quando multiplicamos dois fatores com sinal positivo,

o resultado é positivo. Isso eu já sabia, por causa dos números naturais...

— Então qual é a novidade?

— Bem... Eu notei que, quando os fatores têm sinais diferentes, o resultado fica sempre negativo.

— Meus parabéns! Era isso mesmo que eu queria que você percebesse.

Milena, porém, não se deu por satisfeita.

— Eu desconfio que você está me escondendo algo... Por que não me propôs nenhum exercício em que os sinais dos dois fatores sejam negativos?

O rapaz riu antes de responder:

— Fiz de propósito, para ver se você sentia a falta...

E ela sussurrou bem baixinho:

— Agora estou sentindo a falta de um abraço bem apertado.

Ele disfarçou e continuou em tom sério:

— Escreva uma multiplicação com os dois fatores negativos e descubra qual é o raciocínio para o cálculo.

Milena sentiu-se desafiada e escreveu:

$$(-7) \cdot (-4) =$$

Porém, ela percebeu que estava em apuros. Como podia imaginar o que seria -7 vezes -4? Como nunca havia imaginado tal situação, não sabia como calcular. Sem querer entregar os pontos, deu uma olhada nos exercícios resolvidos anteriormente e descobriu uma possibilidade.

— Acho que percebi — disse ela entusiasmada. — Até agora só consegui multiplicar quando o primeiro fator era positivo, farei o seguinte... olhe só:

$$(-7) \cdot (-4) =$$
$$-(+7) \cdot (-4) =$$

E foi explicando seu raciocínio a Alexandre:

— Ao substituir –7 por seu oposto, +7, fiquei com o primeiro fator positivo. Assim eu sei calcular!

E concluiu, vitoriosa:

— O produto é –28 e o oposto dele é +28.

$$(-7) \cdot (-4) =$$
$$-(+7) \cdot (-4) =$$
$$-(-28) = +28$$

Alexandre bateu palmas.

— Baseando-se em observações já feitas, você usou um artifício matemático correto e descobriu a solução certa!

Mas Milena não estava totalmente satisfeita:

— Como é que a multiplicação de dois fatores negativos pode dar um resultado positivo?

— Ah, é isso? Sabe que também estranhei a primeira vez que pensei no assunto?

— Pois então me diga onde está a lógica disso... — pediu ela.

O rapaz pensou um pouco antes de responder:

— O exemplo mais concreto que lhe poderia dar é o seguinte: saí com a camiseta do lado do avesso. Vou então fazer o avesso do avesso...

— Mas o avesso do avesso é o direito.

— Isso! É como se o lado direito fosse representado pela ideia de positivo e o avesso pela ideia de negativo.

— Então, ao multiplicarmos dois números negativos, é como se estivéssemos procurando o avesso do avesso... — acrescentou a garota.

— Como quando se tira dos parênteses um número negativo precedido por um outro sinal também negativo. — E escreveu:

$$-(-3) = +3$$

— Porque o oposto de –3 é +3 — concluiu Milena.

Em seguida, Alexandre passou alguns exercícios para ela resolver usando o recurso do oposto do primeiro fator.

$$(-6) \cdot (-5) =$$
$$-(+6) \cdot (-5) =$$
$$-(-30) = +30$$

$$(-25) \cdot (-3) =$$
$$-(+25) \cdot (-3) =$$
$$-(-75) = +75$$

— Não existe uma maneira mais simples de resolver essas multiplicações? — perguntou a garota.

— Observe esses cálculos e seus resultados. Tenho certeza de que você pode perceber algo...

Milena examinou com atenção os exemplos e concluiu:

— Bom, o produto de dois fatores negativos deu sempre um número positivo... Posso considerar isso como verdadeiro?

— Sim. Utilizando o raciocínio, a observação, a análise, você chegou a uma generalização.

— Podemos fazer um resumo de todas estas descobertas! — sugeriu Milena.

Conversaram e escolheram uma forma simples e clara:

MULTIPLICAÇÃO NO CONJUNTO $\mathbb{Z}$

- Quando os sinais de dois fatores são diferentes, o produto será negativo.

- Quando os sinais de dois fatores são iguais, o produto será positivo.

— Gostei dessa generalização, Alexandre.

— Milena, você nem se deu conta de que reinventou a multiplicação de números no conjunto $\mathbb{Z}$.

— Como assim?

Isso que a gente tem chamado de generalização, na verdade, são as regras de sinais para multiplicação em $\mathbb{Z}$.

— Regras de sinais? Mas eu só pensei em cada caso e os reuni em duas situações básicas.

— Sim, eu disse que você *reinventou* porque os matemáticos também fizeram esse percurso. Agora isso pode valer como regra para você, pois foi você mesma que chegou a ela!

— Cheguei?! — perguntou ela, com um duplo sentido em suas palavras.

— Chegou! — respondeu Alexandre, em tom carinhoso e maroto, e acrescentou: — Só tem sentido usar uma regra se se puder compreender o porquê dela. Tudo na vida só terá real valor se tiver sentido para quem está fazendo!

Da rede armada entre duas árvores, o pai intrometeu-se:

— Onde vocês arranjam tanto assunto, hein?! Não estou conseguindo dormir.

— Estávamos calculando os peixes que não pegamos — retrucou Milena.

Da outra rede, a mãe completou:

— Se quiserem peixe para o jantar, é bom irem arrumando as coisas. A peixaria fecha às quatro horas.

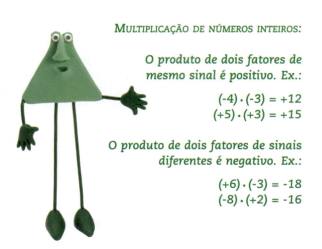

MULTIPLICAÇÃO DE NÚMEROS INTEIROS:

O produto de dois fatores de mesmo sinal é positivo. Ex.:

$(-4) \cdot (-3) = +12$
$(+5) \cdot (+3) = +15$

O produto de dois fatores de sinais diferentes é negativo. Ex.:

$(+6) \cdot (-3) = -18$
$(-8) \cdot (+2) = -16$

13 Ciúmes

No domingo, Milena e Alexandre dormiram até mais tarde. Quando acordaram, João já havia lido todo o jornal, e Cristina não parecia com muita vontade de preparar o almoço. O dia estava bonito, e os jovens resolveram ir para o clube nadar e comer alguma coisa por lá mesmo.

Chegaram e se instalaram confortavelmente sob um guarda-sol. Milena havia decidido esquecer um pouco a Matemática e conversava animadamente com Alexandre quando foi interrompida:

— Oi, Milena... Tudo bem?

Vestida com um sumaríssimo biquíni, Ester beijou Milena. Em seguida, virou-se para Alexandre e falou:

— Eu não conheço você ainda...

O rapaz levantou-se, ao mesmo tempo em que Milena o apresentava, a contragosto.

— Esse é o Alexandre... de quem já lhe falei.

— Ah, prazer. Eu sou a Ester.

— Não quer se sentar? — convidou Alexandre, apontando para a cadeira vazia.

— Obrigada — agradeceu ela. — Eu não queria atrapalhar...

— Não atrapalha nada, não é, Milena?

— Não — respondeu a outra, sem nenhum entusiasmo.

Como Milena desconfiara dias atrás, a atenção da garota se voltava para Alexandre.

— Não estava suportando tanto sol. Olhem as minhas costas como estão...

A garota sabia ser insinuante. Notando a seriedade de Milena, Ester comentou:

— Puxa! Acho que interrompi a conversa de vocês...

— Não tem problema — retrucou Alexandre. — Eu e a Milena conversamos dia e noite.

— Vocês já almoçaram? — prosseguiu Ester, sem dar ouvidos para o que o rapaz dissera.

— Já — respondeu Milena.

— Eu não estou passando muito bem — disse Ester, depois da resposta seca que ouvira.

Após um breve silêncio, Alexandre ofereceu:

— Se não for muito longe, posso levá-la até sua casa.

— Não precisa se incomodar... — falou ela, com cara de quem tinha gostado da oferta.

— Não é incômodo algum! Milena, vou levar sua amiga e volto logo!

— Não se preocupe — respondeu a garota, contrariada.

Os dois partiram, e Milena ficou roendo as unhas. A beleza de Ester chamava atenção em qualquer ambiente.

Alexandre demorou pouco, mas, com certeza, mais do que precisava.

— Já de volta? — interrogou Milena, disfarçando a fúria.

— Ela mora pertinho daqui...

Sem falar mais nada, Milena foi em direção à piscina, e o rapaz resolveu acompanhá-la.

Mergulharam, nadaram, competiram, mas falaram apenas o indispensável. No íntimo, Milena sentia vontade de esganar Ester. Mas, para não parecer intrigante, não voltou a tocar no assunto. Alexandre, porém, notou que ela não havia gostado nada da gentileza que ele havia feito.

Em casa, já à noite, tocou o telefone. O pai de Milena atendeu e falou:

— É para você, Alexandre... E que vozinha doce...

Milena sentiu o coração aos pulos. E o susto aumentou com o que ouviu.

— Não, não é problema algum — dizia Alexandre no telefone. — Passo aí num minuto.

Desligou, pegou o capacete e falou quando saía:

— Desculpem, pessoal... Preciso dar uma saidinha...

— Espere pelo jantar! — disse Cristina.

— Esse compromisso não pode esperar... Como alguma coisa na rua, obrigado.

A vontade de Milena era chorar, mas se segurou. De repente, decidiu:

— Mãe, vou à casa da Andréa, uma amiga do clube. Estou sem fome, não me esperem para jantar.

Lá chegando, foi recebida com alegria:

— Oi, Milena! Entre.

— Tudo bem?

— Comigo está, mas com você parece que não... O que aconteceu?

— O problema é esse, Andréa... Não sei se aconteceu alguma coisa ou não!

— Tem uma turminha aqui em casa... Estamos ouvindo música...

— É disso mesmo que estou precisando.

A reunião estava animada. No entanto, Milena parecia distante.

Passado algum tempo, Andréa comentou:

— Você está com uma cara... Tem alguma coisa a ver com o gatão de olhos verdes que está na sua casa?

— Tem sim!

Antes que Andréa dissesse algo, seu irmão Marco se aproximou:

— Também percebi que você está triste, Milena. Quer que a leve para casa? A gente pode conversar um pouco.

— Obrigada, Marco. Não precisa.

— Mas eu gostaria. Posso?

Durante a caminhada, Marco tentou, em vão, animar a amiga.

— Devo estar péssima, mesmo... Acho que tomei muito sol hoje.

Depois de despedir-se do rapaz, abriu a porta e entrou. Na sala foi surpreendida pela presença de Alexandre.

— Ué... O que você está fazendo aqui sozinho e, ainda por cima, no escuro?

— Seus pais saíram — disse ele, acendendo as luzes.

E, como ela não falasse nada, ele perguntou direto:

— Aquele garoto que veio com você é um amigo?

— Sim, é o Marco. Ele é irmão da Andréa, uma amiga minha. E você, divertiu-se muito?

— Mais que isso — respondeu Alexandre agora mais tranquilo. — Estou empregado! Consegui o emprego de professor de recuperação! Lembra do telefonema? Era a diretora do colégio!

— A diretora! — exclamou a garota com alívio. — Puxa! Em pleno domingo?

— É, nós devíamos ter uma conversa amanhã, mas ela vai viajar e me chamou hoje.

— Ainda bem, estou contente por você...

— Eu sabia que ia ficar.

Milena encarou-o, reuniu todas as forças e falou:

— Eu não gostei quando você levou a Ester para casa. Ela não estava passando mal coisa nenhuma. Ela é uma oferecida, isso sim!

— Só depois percebi que você não gostou. Isso é bobagem, Milena, eu estou com você porque quero.

E, abraçando-a com muito carinho, disse baixinho:

— Não precisa ficar com ciúmes. Eu sou todo seu.

E um beijo desmanchou o desagradável clima que havia permanecido o dia inteiro.

Garota Sabe-tudo

Na manhã seguinte, Milena acordou com uma disposição incrível.

— Que dia lindo! — comentou.

— Dia lindo para estudar Matemática! — disse Alexandre. — Agora que estou contratado, a responsabilidade aumenta. Vou dar aulas à tarde e à noite.

— Você não vai abandonar sua primeira aluna, não é?

— Lógico que não, podemos continuar agora mesmo, se você quiser!

Ele sentou-se ao lado dela com um bloco e começou:

— Vamos ver como resolver uma multiplicação com mais de dois fatores...

$$(-4)(+3)(-2) =$$

— Ei... Cadê os pontinhos que indicam as multiplicações entre os parênteses? Onde foram parar? — estranhou Milena.

— Que bom que você notou. Nas multiplicações podemos eliminar o sinal entre os parênteses.

— Ah, então, não muda nada! Como vamos resolver isso? Em etapas?

— Sim, e é simples. Nós calculamos o produto dos dois primeiros fatores. Veja:

$$(-4)(+3)(-2) =$$
$$(-12)(-2) =$$

— Em seguida multiplicamos o produto encontrado pelo fator seguinte, e assim por diante.

Milena observou e arriscou:

— O próximo passo será multiplicar –12 por –2?

Alexandre concordou e deixou que ela mesma concluísse:

$$(-12)(-2) = +24$$

— Sinais iguais, produto positivo.
— Está certo — elogiou Alexandre.
— Então deixe que agora eu escrevo uma multiplicação e resolvo sozinha.

E escreveu:

$$(-7)(-1)(+2)(-2) =$$
$$(+7)(+2)(-2) =$$
$$(+14)(-2) = -28$$

Para calcular o produto de três ou mais fatores:

Multiplicamos o primeiro fator pelo segundo; o resultado obtido, pelo terceiro fator, e assim sucessivamente, considerando as regras de sinais.

— Excelente! Vamos relembrar agora alguns exemplos de adição, subtração e multiplicação.

$$+25 + (-30) =$$
$$+25 - 30 = -5$$

Milena resolveu e explicou:

— Primeiro, retirei os parênteses... Como o sinal de fora era positivo, mantive o sinal do 30. A situação ficou assim: tinha 25 e gastei 30; portanto, fiquei devendo 5.

— Correto. Agora este:

$$+50 - (+30) + (-25) + (+5) =$$

Milena sabia que, em primeiro lugar, deveria eliminar os parênteses. Em seguida, reunir de um lado os números positivos e, de outro, os números negativos. E, finalmente, calculá-los para encontrar o resultado. E, assim, escreveu:

$+50 - (+30) + (-25) + (+5) =$		Positivos	Negativos
$+50$ -30 -25 $+5$ $=$		50	30
		5	25
$+55$ -55 $= 0$		$+55$	-55

Em seguida, Milena parou com ar de dúvida e comentou:

— Xiii! Acho que fiz alguma coisa errada.

— Não. Está certo, Milena. Você tinha 55 e gastou. Portanto, não sobrou nada. E qual é o sinal do zero?

— Ora, seu bobo! Pensa que me pega? Zero não tem sinal. Zero é zero!

Antes que Alexandre falasse alguma coisa, Milena comentou:

— Acho que descobri algo...

— O que foi agora, Garota Sabe–tudo?

— Temos sempre apenas duas situações em relação ao sinal de fora dos parênteses e o sinal do número: ou eles são iguais ou são diferentes...

— Perfeito. E daí?

— Daí que, quando os sinais são iguais, o sinal resultante é positivo; e, quando são diferentes, o sinal resultante é negativo. Em relação aos sinais, a regra parece ser a mesma da multiplicação.

— E é, já esperava por essa descoberta.

Milena pensou e reconsiderou:

— Então, quando eliminar os parênteses na adição ou na subtração, em vez de ficar pensando: o mesmo sinal do número ou o oposto do sinal do número, eu posso aplicar essa regra... que eu mesma descobri?

— Pode. Claro que pode, ela é sua! Sua e da Matemática!

— Ótimo!

E Milena fez um novo quadro:

Para eliminar os parênteses no conjunto $\mathbb{Z}$:
- *Sinais iguais, resultado positivo.*
- *Sinais diferentes, resultado negativo.*

— Está ficando cada vez mais simples! — disse Milena, aconchegando-se a ele.

— Só se for a Matemática! Porque estou começando a ficar preocupado.

— Com o quê, Alê?

— Quero saber como vamos encontrar tempo para namorar. Logo você volta às aulas pela manhã, e eu vou trabalhar à tarde e à noite. Além do mais, não posso ficar morando aqui para sempre!

— Ora, a gente namora no fim de semana! Por telefone, por bilhetes, pela Internet... Agora, por exemplo, estamos juntos!

— Acho que devemos contar tudo para seus pais!

— Ainda não, Alê, vamos dar mais um tempo. Ainda temos duas semanas de férias, depois a gente vê como ficam as coisas.

— Eu só tenho mais uma. A outra já é semana de planejamento.

— Planejar suas aulas não vai ser difícil. Posso emprestar meu caderno de anotações para você. Pelo menos o início da 6.ª série está garantido!

Alexandre voltou a sorrir como sempre. Com uma garota legal como Milena ao seu lado, bem-humorada, alegre, otimista e encantadora, seria bobagem perder tempo com preocupações.

— Então vamos deixar a vida tomar seu rumo! — disse Alexandre.

— Concordo, aprendi isso com minha mãe — completou Milena com um sorriso.

— Já que falou em planejamento, agora só está faltando pesquisar a divisão. Vamos fazer isso hoje à noite?

— Para ajudar você, faço qualquer coisa. Mas depois vai passar um filme imperdível, e vamos ficar sozinhos, porque meus pais nunca assistem à televisão.

Despediram-se com um longo abraço e alguns beijinhos.

15
Preparativos para o baile

Alexandre passou o dia fora providenciando documentos, e Milena aproveitou o bom tempo para ir ao clube. Teve um dia muito agradável; o único problema foi ter encontrado Ester por ali, mas agora sabia que ela não representava risco algum.

No entanto, com tantas coisas acontecendo em sua vida havia se esquecido completamente de algo que agora, mais do que nunca, seria muito importante. Só se lembrou porque se deparou com um enorme cartaz no clube:

— Tenho de arranjar um vestido de festa! Bem que a Carla me lembrou disso antes de viajar. Vou pedir para minha mãe, afinal ela não vai negar isso para sua filhinha do coração! Pena que ainda não é o meu baile de debutantes, mas, não faz mal, vou dançar a noite toda com o Alexandre... Só preciso de um vestido lindo, e de um sapatinho de cristal!

E ela achou muita graça do que havia pensado.

"Como é que as meninas se encantam com a história da Cinderela? Além de tonta, porque ficava trabalhando para os outros, ela ainda dançou a noite toda com um sapatinho duro! Só tinha de sair do pé mesmo! Mas bem que quando eu era criança achava linda essa história... E agora tenho meu príncipe!"

E saiu dançando como se estivesse com ele!

"Não vou para casa, não... preciso começar a tomar minhas providências..."

Do clube Milena foi se encontrar com a mãe no trabalho dela, e dali foram juntas procurar o vestido que ela iria usar no baile de debutantes. Cristina sabia muito bem o porquê de tanta animação, e não iria recusar aquele pedido da filha.

O primeiro a chegar em casa naquela tarde foi Alexandre. Vinha carregado de sacolas de supermercado. Ele estava decidido: naquela noite o jantar seria por sua conta. Foi abrindo latas, pacotes de lasanha semipronta, e foi montando as camadas de massa, molho, presunto, parmesão, e assim por diante, numa enorme travessa, como sempre via sua mãe fazer. Esperava que todos gostassem.

João chegou e percebeu o aroma que vinha da cozinha. Logo em seguida, entraram Cristina e Milena cheias de pacotes.

— Cristina, o aroma do jantar de hoje está uma delícia. O que preparou?

— Eu? Nada!

— Muito menos eu — respondeu a filha.

Foi quando Alexandre apareceu na sala:

— Foi um príncipe encantado que passou por aqui! E quis fazer uma surpresa para todos!

— Então veja se esse príncipe providencia também um lindo traje social para levar uma encantadora jovem ao baile de debutantes do clube, daqui a duas semanas! — disse Milena, brincando com ele e mostrando os pacotes.

— A fada madrinha, que sou eu — interveio Cristina —, já está providenciando o traje de baile da Cinderela!

— Bem, depois desse lindo conto de fadas, que tal saborear uma lasanha real! — brincou Alexandre.

— Pensei que isso não fosse acontecer nunca! — brincou João Batista, já colocando a mesa.

Todos adoraram o jantar, pois a lasanha estava mesmo uma delícia. E Milena ficava cada vez mais encantada com Alexandre.

16

Na sala de jantar

Depois do jantar, João Batista decidiu:

— Como o príncipe preparou esse delicioso jantar, declaro, como rei desta casa, que hoje lavarei a louça.

Todos aceitaram e aplaudiram. Cristina foi ler, Alexandre e Milena ficaram na sala, para continuar com a Matemática.

Alexandre começou propondo uma situação para ser traduzida em linguagem matemática, sob o olhar carinhoso de Milena:

— Estou devendo R$ 12 para 4 pessoas. Para cada uma, devo o mesmo valor. Que valor é esse?

A garota pensou, pensou e afirmou:

— Isso é uma divisão. Está dividindo uma dívida!

$$(-12) \div (+4) = -3 \text{ reais}$$

total da dívida   pessoas   quanto deve para cada pessoa

— Marquei o que cada número representa nesta situação. E calculei: você deve R$ 3 para cada pessoa. Gostou, Alexandre?

— Se gostei? Adorei! Nunca havia pensado em simplificar tanto uma situação como esta. Você é genial!

— Eu falei que ia ajudar você no seu planejamento das aulas!

— Já que é tão sabida, invente uma situação que seja resolvida por uma divisão...

Ela topou o desafio. Expôs para ele a situação e, depois, representou-a em linguagem matemática e calculou.

— A temperatura em certa região baixou 20 graus em 5 dias, o mesmo tanto por dia — pensava ela. — Quanto abaixou em cada dia?

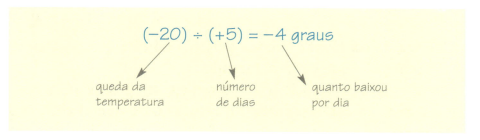

— Milena, acho melhor eu tomar cuidado, senão perderei minhas aulas para você — disse ele brincando.

— Ah! Alexandre, só estou seguindo o que uma professora nos ensinou certa vez: sempre indicar o que cada número representa numa situação. Eu procuro fazer isso — respondeu Milena, com um sorriso.

— Mas isso é brilhante! Muitos alunos não sabem resolver problemas, quero dizer, situações matemáticas, porque não se detêm no significado de cada número dado na situação.

— Concordo, e estou descobrindo que já sabia um pouco de divisão no conjunto $\mathbb{Z}$, sem ter consciência disso.

— E existe outra situação que você já sabe resolver também, Milena, quando dividendo e divisor forem positivos. Veja:

$$(+100) \div (+25) = +4$$

— Assim não tem nem graça! Isso eu já sabia fazer — reclamou ela.

— Pois bem. Com o que já sabia e com o que descobriu agora, pode analisar e resolver os seguintes cálculos...

Ele escreveu e ela logo encontrou os resultados:

$$(-50) \div (+10) = -5 \qquad (+300) \div (+3) = +100$$

$$(+40) \div (+4) = +10 \qquad (-60) \div (+5) = -12$$

Depois de confirmar que ela acertara os cálculos, Alexandre quis enfatizar o que vinham fazendo:

— Até agora só trabalhamos com divisores positivos... Porém precisamos ver como encontrar o resultado de uma divisão em que o divisor seja negativo. Por exemplo... — e escreveu:

$$(+60) \div (-15) = \ ?$$

dividendo — divisor — quociente

— Posso inverter, como fiz na multiplicação?

— Não. A divisão não apresenta a propriedade comutativa. Pense bem: 60 dividido por 15 não é o mesmo que 15 dividido por 60.

— Então, deve haver outra saída. — disse Milena.

— Qual é a operação inversa da divisão?

— A multiplicação.

— Pois bem... Se eu tiver 100 doces e quiser dividi-los entre 20 crianças, quantos doces cada criança vai ganhar?

— Fácil! Dividindo 100 por 20... Cada criança vai ganhar 5 doces.

— Certo. E o que você faz para saber se a sua conta está correta?

— Posso multiplicar o 5 pelo 20 e obter os 100 doces iniciais.

O jovem aprovou com um gesto de cabeça e confirmou:

— Isso! Se multiplicarmos o quociente pelo divisor, encontraremos o dividendo.

E Alexandre registrou o seguinte:

— Até aí, concordo — reagiu Milena. — Mas ainda não entendi o que isso tem a ver com a divisão de +60 por −15.

— Você vai entender logo, logo — tranquilizou Alexandre. E voltou para a divisão inicial:

$$(+60) \div (-15) = ?$$

— Não conhecemos o resultado dessa divisão, certo? No entanto, se usarmos o conceito de operação inversa, poderemos descobrir... — escreveu e perguntou:

$$(?) \cdot (-15) = +60$$

— Qual é o número que multiplicado por –15 resulta em +60?

— Isso ainda não sei. Mas dá para saber que o sinal desse número só poderá ser negativo. A multiplicação de dois fatores negativos resulta num produto positivo.

— Ótimo. Você já descobriu o sinal. Agora me diga: qual é o número que multiplicado por 15 resulta 60?

— É o 4... Ah! Já entendi! Então o número que estamos procurando é –4.

— Isso mesmo. Agora podemos voltar ao nosso cálculo original e colocar o resultado.

$$(+60) \div (-15) = -4$$

Milena observou o exemplo em silêncio; depois, perguntou:

— Sempre terei de fazer isso para fazer uma divisão em que o divisor seja negativo?

— Não... Na realidade, você já sabia que 60 dividido por 15 resultava em 4.

— Isso eu sabia.

— Precisávamos descobrir o sinal do quociente. E fizemos então a operação inversa. Mas isso pode ser muito simplificado. Vamos continuar...

$$(-120) \div (-20) =$$

— A divisão entre 120 e 20 resulta em 6. Isso já sei! Só falta descobrir o sinal. Vou fazer um rascunho utilizando a operação inversa.

$$(\, ? \,) \cdot (-20) = -120$$

— Numa multiplicação, o resultado só é negativo se os sinais dos fatores forem diferentes. Portanto o resultado é +6 — e completou:

$$(-120) \div (-20) = +6$$

Alexandre se surpreendia cada vez mais com a agilidade do pensamento de Milena.

— Agora falta pouco para uma nova descoberta.

— Aproveite, Alexandre, porque hoje estou ligada — e completou baixinho —, já que não dá para namorar, ficar aqui pertinho já é uma delícia.

— Eu concordo — sussurrou ele, encostando sua perna na dela por debaixo da mesa.

— Mas você disse que estou perto de uma nova descoberta?

— Reúna todas as divisões que já fez e procure descobrir quais relações existem entre os sinais do divisor, do dividendo e do quociente.

E Milena arrumou todos os cálculos numa mesma página:

$$(-12) \div (+4) = -3 \qquad (-20) \div (+5) = -4$$

$$(+100) \div (+25) = +4 \qquad (-50) \div (+10) = -5$$

$$(+300) \div (+3) = +100 \qquad (+40) \div (+4) = +10$$

$$(+60) \div (-15) = -4 \qquad (-120) \div (-20) = +6$$

Observou demoradamente cada caso resolvido e, depois, levantando o rosto do papel, arriscou:

— Não pode ser... Ficaria muito simples...

— Quer se explicar melhor? Eu não posso adivinhar seu pensamento...

— Quando os sinais do dividendo e do divisor são iguais, o sinal do resultado é positivo.

— Isso mesmo! E o que mais?

— Quando o dividendo e o divisor têm sinais diferentes, o sinal do resultado é negativo.

— É isso mesmo! — confirmou Alexandre.

E a jovem concluiu, com entusiasmo:

— Então, para dividir números inteiros, podemos usar a mesma regra de sinais que vale para a multiplicação de dois fatores e para eliminar parênteses!

Diante da confirmação de Alexandre, Milena não se conteve:

— Mas por que você não me falou isso antes?

— Para que você pudesse descobrir por si mesma. Bem que eu poderia ter feito um resuminho das regras de sinais. Com ele, você certamente iria saber resolver os exercícios, mas não saberia o que estava fazendo e muito menos por que estava fazendo daquela forma.

— É mesmo, você tem razão. Eu só cheguei às regras depois de analisar e resolver os cálculos. Sabe, eu não imaginava que pudesse descobrir tanta coisa em tão poucos dias!

— Então vamos comemorar assistindo ao filme que você queria.

— Agora já deve estar acabando. Mas, tudo bem, a melhor história que existe é a da própria vida, não é mesmo? — sorriu Milena.

DIVISÃO DE NÚMEROS INTEIROS:

- *o quociente de dois números de mesmo sinal é positivo.*

- *o quociente de dois números de sinais diferentes é negativo.*

17

Desconfiança

Cada minuto a mais em casa naquela manhã de terça-feira era um minuto a menos no clube. Milena tomou banho em pouco tempo e se preparava para um rápido café quando foi surpreendida pela voz do pai, na cozinha.

— Cristina, você não acha que esses dois estão andando muito juntos?

— De quem você está falando? — devolveu a mãe.

— Ora, Cristina, de quem mais poderia ser? Da Milena e do Alexandre!

Ao ouvir seu nome, a garota parou. De onde estava não podia ser vista. A mãe concordou com o pai:

— Para ser franca, de certa forma até me tranquiliza; pelo menos sei com quem ela está...

— Pois eu não sei se isso me tranquiliza ou se me preocupa ainda mais.

— Alexandre é um bom rapaz... — comentou Cristina.

— Concordo. No entanto, Milena é uma criança e ele já é um homem.

— Criança? — exclamou a mãe. — Você não deve ter olhado muito para sua filha ultimamente. E o Alexandre é pouco mais que um adolescente.

— Não sei, não sei... A Milena nem liga mais para as amigas...

— É que a Carla está viajando.

O marido não encontrou o que dizer, e a mulher continuou:

— O que me preocupa é outra coisa. É que ela se entusiasme demais e venha a se decepcionar...

— Pois é... É isso que estou tentando dizer! Alexandre só a vê como nossa filha...

— Para ser sincera não sei como ele a vê...

Nesse instante, Milena entrou na cozinha e cessaram os comentários. Logo em seguida, chegou Alexandre, já preparado para ir ao clube com ela.

Depois do café, os dois jovens saíram de moto.

Durante o percurso, Milena, calada, pensava nas palavras da mãe e do pai e pediu para que ele parasse na praça para conversarem.

— O que está acontecendo? Você está tão calada, Milena!

— Ouvi meus pais conversando na cozinha sobre nós; acho que eles nem notaram que escutei. Meu pai comentou que achava que estamos juntos demais... Minha mãe parece que não se incomoda... Mas ele! Você não percebeu a cara que ele fez durante todo o tempo em que tomamos o café da manhã?

— Não notei nada, só achei todos calados. Mas era justamente isso que não queria que acontecesse! Que situação! Parece que estamos mentindo!

— Mentindo não, só estamos escondendo algo muito nosso! Isso é totalmente diferente.

— Vamos conversar com eles. Vou contar que estamos namorando, que nos damos bem, que pretendo encontrar um lugar para morar... Aliás, acabei de ter uma ideia! Deixo você no clube e vou procurar algum lugar para ficar. Nos encontramos no final da tarde.

Trocaram um beijo e ficaram um bom tempo abraçados. Na porta do clube, quando se despediram, Milena achou Alexandre muito sério. Seguiu a moto com os olhos até que ele desaparecesse.

No início da tarde, a garota voltou para casa. Foi direto para o computador, no escritório do pai.

—Vou fazer uma surpresa para o Alexandre. Vou resumir tudo o que ele me fez descobrir sobre operações no conjunto ℤ.

Operações com números inteiros ℤ

Adição e subtração

- Se tiver e ganhar, continuarei a ter. Resultado positivo.
- Se estiver devendo e gastar de novo, continuarei devendo. Resultado negativo.
- Se gastar mais do que tenho, estarei devendo. Resultado negativo.
- Se gastar menos do que tenho, vai sobrar. Resultado positivo.

Exemplos:

$$-5 + (-3) =$$
$$-5 - 3 = -8$$

$$+29 - (-9) =$$
$$+29 + 9 = +38$$

$$-7 + (+9) =$$
$$-7 + 9 = +2$$

$$+8 - 4 + 3 - 10 =$$
$$+11 - 14 = -3$$

Multiplicação e divisão

Calculamos numericamente as operações. Quanto aos sinais:

- Dois sinais iguais: resultado positivo.
- Dois sinais diferentes: resultado negativo.

Exemplos:

$$(+5) \cdot (+7) = +35$$

$$(-12) \cdot (-3) = +36$$

$$(+35) \div (+7) = +5$$

$$(-40) \div (-10) = +4$$

$$(-8) \cdot (+6) = -48$$

$$(-7) \cdot (-7) = +49$$

$$(+15) \div (-5) = -3$$

$$(-12) \div (+6) = -2$$

— Isso está muito bom — disse Milena para si mesma.

E, antes de fechar o caderno de suas anotações, notou algo que Alexandre devia ter deixado depois que ela foi dormir.

O que você descobriu está ótimo, só falta misturar tudo!

E encontrou a seguinte expressão:

$$(+50) \cdot (-3) + (-32) \div (-2) + (-2) \cdot (+25) =$$

Milena se preparava para resolver a conta quando encontrou a seguinte orientação:

Sempre que calcular multiplicações e divisões, mantenha o resultado entre parênteses, pois existem sinais antecedendo essas operações.

Beijos + Beijos + Beijos + Beijos + Beijos

— Ele é uma gracinha mesmo!

E, animada, foi superando o desafio.

$$(+50) \cdot (-3) + (-32) \div (-2) + (-2) \cdot (+25) =$$

$$(-150) \ + \ (+16) \ + \ (-50) =$$

$$-150 \ + 16 \ \ -50 =$$

$$-200 + 16 = -184$$

— Devo 200 e só tenho 16, então ficarei devendo 184.

EXPRESSÕES NUMÉRICAS NO CONJUNTO $\mathbb{Z}$

1) Resolva as multiplicações e divisões.

2) Resolva as adições e subtrações na ordem em que aparecem.

3) Se houver parênteses, primeiro efetue os cálculos contidos neles.

Milena,
você deve ter chegado ao resultado −184.
Se chegou, acertou. Agora...

EXPRESSÕES COM CÁLCULOS NOS PARÊNTESES

$$+50 - (-3 + 9 - 8 + 7) \cdot (+10 - 7) =$$

"Vou reduzir os cálculos de cada parênteses..." — Milena pensou, já calculando.

$$+50 - (-11 + 16) \cdot (+3) =$$

"Termino o cálculo lá dentro..."

$$+50 - (+5) \cdot (+3) =$$

"Resolvo a multiplicação..."

$$+50 - (+15) =$$

"Elimino os parênteses..."

$$+50 - 15 = +35$$

— Alexandre vai ficar surpreso quando souber que consegui resolver as expressões! Também, com um professor como ele... Já estou com saudades! — pensou a garota em voz alta.

18

Telegrama

Milena foi até o quarto e só então reparou que as malas do rapaz não estavam mais ali. Ainda surpresa, encontrou o seguinte telegrama, endereçado a Alexandre:

COMPARECER SEÇÃO PESSOAL MUNIDO DOCUMENTOS
ATÉ VINTE E SETE JULHO PT ZD BRASIL PT

— É hoje!

Milena lembrava-se de que Alexandre tinha comentado sobre o processo de seleção da ZD. E tentava em vão disfarçar a enorme tristeza que sentia. Alexandre certamente mandaria notícias assim que pudesse. Mas um pensamento martelava em sua cabeça. E se ele resolvesse voltar definitivamente para sua cidade?

Tentou o celular, mas estava desligado. Na mesa da cozinha, encontrou um bilhete dirigido a todos:

João, Cristina e Milena,
assim que puder mando notícias.
Obrigado por tudo.

Alexandre

Os dias passavam e nada de Alexandre telefonar. Desconsolada, Milena pensava que certamente ele havia ficado intimidado de conversar com os pais dela e aproveitou o chamado da empresa para se afastar. Nem vontade de ir ao clube ela sentia mais. E passou os dias seguintes bastante triste.

Sexta-feira à noite, véspera do baile, Milena estava no quarto, ainda sem notícias de Alexandre, quando a mãe avisou:

— Milena, olhe quem está aqui...

— Carla! Que bom! E a viagem, como foi? Conta!

— Uma chatice! Não via a hora de voltar; só pensava no baile de amanhã!

— É mesmo... Já tinha até esquecido.

A amiga assustou-se:

— Ah, não me diga que você não vai? Aliás, fiquei sabendo de um assunto quentíssimo no clube.

— Qual?

— O namorado lindo que você arranjou. Quem é ele, afinal?

Milena falou sobre Alexandre, e a amiga só faltou cair dura.

— Aquele gato da moto?!

— Ele mesmo.

— E aí? O que houve?

— A gente ficou superpróximo, não se desgrudava. Foi maravilhoso. Quando ficamos de conversar com meus pais, ele foi chamado para trabalhar lá na cidade dele...

— Que pena!

Percebendo que a amiga se entristecia, Carla procurou mudar de assunto.

— Mas você vai ao baile, não vai?

— Ainda não sei... Sem o Alexandre não vai ter graça. Eu queria alguma explicação, alguma palavra... Mas nada, Carla, o celular dele fica o tempo todo desligado.

— Nós vamos juntas e pronto!

— Eu vou pensar...

— Pensar? O baile é amanhã!

E agora?

Na manhã seguinte, depois de conversar com Carla e Andréa, Milena decidiu: iria ao baile, apesar de não ter nenhuma vontade.

À noite, Cristina estava com o coração apertado e tentava animar a filha como podia:

— Você faz bem em ir... Os bailes no clube são sempre tão divertidos!

Milena pegou o vestido e, desanimada, foi para o quarto se trocar. Estava quase pronta quando tocou a campainha. O coração disparou. Lembrou-se de Alexandre; mas provavelmente eram os pais de Carla que chegavam. Terminou de se vestir, retocou a maquiagem e pegou a bolsa.

Estava linda, mas seus olhos haviam perdido o brilho de antes.

— Mãe, quem tocou a campainha? — perguntou, entrando na sala.

Então, ela teve uma surpresa que a paralisou. Alexandre estava plantado no meio da sala com um sorriso radiante. Ele se adiantou para cumprimentá-la e disse baixinho em seu ouvido:

— Não fique brava comigo. Logo explico tudo.

Depois, falou alto, para que todos ouvissem:

— Eu não perderia esse baile por nada! Até aluguei um terno! Que tal estou?

João Batista entrou na sala:

— Ah, agora está melhor, não é? — disse ele, dirigindo-se

à filha. Depois virou-se para Alexandre: — Eu quase fui buscá-lo de volta...

— É? Por quê?

— Faz dias que Milena não come, não dorme! Aliás, ela nem tem sorrido...

— Pai — censurou a menina, corando.

Mas o pai continuou:

— Aqui está a chave do carro, Alexandre. Não pretende levá-la de moto, não é? Bom divertimento! E juízo... — falou o pai, abraçando-se à mulher.

— Obrigado — agradeceu Alexandre.

Logo que fecharam a porta, a mãe de Milena comentou:

— João, eles vão se entender, você verá!

— Já me acostumei com a ideia, Cristina. Acho que me assustei quando percebi o que havia entre eles e exagerei. Gosto muito dele!

20

Acerto de contas

Alexandre e Milena entraram no carro em silêncio e assim ficaram durante todo o caminho. Milena logo percebeu que ele se dirigia para o mirante da cidade; seu coração estava aos pulos. Alexandre estacionou o carro e, como da primeira vez, foram para a murada.

Ele sabia que precisava se explicar. E com um nó na garganta começou:

— Milena, naquele dia em que me contou que seus pais falavam sobre nós, fiquei muito preocupado, constrangido mesmo, pela amizade e consideração que tenho por eles.

Ela olhava em direção ao infinito, tentando não chorar. E ele continuou:

— Saí procurando uma república de estudantes e fui confirmar se estava tudo certo com a contratação do colégio, afinal precisava me manter sozinho, não poderia continuar em sua casa. Não consegui nada... nem no colégio puderam me confirmar as aulas antes que a diretora voltasse de viagem. Voltei para sua casa sem saber o que fazer. Foi quando recebi o telegrama.

— Eu o encontrei, Alexandre, e entendi que você precisava ir correndo para sua cidade. Mas por que você foi embora sem falar comigo? Nada, nem uma palavra, só aquele bilhete para todos, agradecendo a hospedagem!

— Não sei se você vai entender e me perdoar. Eu estava confuso demais. Peguei a moto e fui em disparada para a empresa que havia mandado o telegrama, viajei quatro horas sem parar, cheguei lá 15 minutos antes de terminar o expediente.

— E daí?

— Estou contratado! Mas precisava de tempo para decidir com mais segurança o que fazer... comigo, com você... com nós dois... Eu não queria me afastar, mas como namorar morando tão longe?

Milena o escutava calada, não tinha ideia de como aquela conversa ia acabar.

— Comecei a trabalhar. Pensava em ligar para você o dia inteiro, mas queria conversar pessoalmente. Queria abraçá-la, ficar junto... Mas decidi que só viria encontrá-la quando tivesse algo de concreto para dizer.

— Sobre o que estava sentindo?

— E sobre como poderíamos continuar juntos, conversando com seus pais, deixando tudo às claras. Então aconteceu algo surpreendente, inesperado...

— O quê?

— Meu diretor me chamou e informou que a empresa vai abrir uma filial aqui na sua cidade. E ele me perguntou se eu queria vir para cá!

— O que você respondeu? — perguntou Milena, com o brilho retornando a seus olhos.

— Que era o que eu mais queria na vida! Estou voltando, Milena! Voltando para nós!

E, em silêncio, seus lábios se aproximaram.

A emoção que experimentavam superava a que sentiram quando se beijaram pela primeira vez, naquele mesmo lugar, que seria para sempre muito especial.

E, depois de visitarem a barraca de sanduíches do casal de velhinhos, foram para o clube e dançaram a noite toda.

Agora estavam juntos e muito, muito felizes.

História
A origem do conhecimento matemático

Como Surgiram os números com Sinais

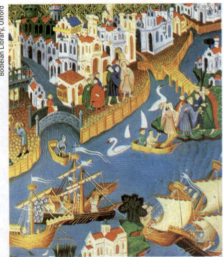

Veneza era o centro comercial da Europa com o Oriente.

No século XVI, uma renovação cultural e artística tomou conta da Europa. Era a época dos grandes descobrimentos, das primeiras viagens ao redor do mundo e da retomada das pesquisas matemáticas. Nas ciências, uma ideia começou a se fortalecer: a ideia de oposto (por exemplo, um saldo é o oposto de um déficit). E, para representar numericamente essa ideia, sentia-se necessidade de um novo tipo de número que, além de indicar a quantidade, também indicasse a sua "direção".

Você sabia que o desenvolvimento da Matemática também esteve ligado ao desenvolvimento do comércio?

Pois é, tanto que vários sinais matemáticos surgiram por causa dos comerciantes. Veja só!

Necessidades práticas

Puxa, uma dívida é menos que nada!

Menos que nada não existe. Pelo menos era assim que se pensava. Demorou muito tempo para que a ideia de quantidades negativas fosse aceita, e isso começou a acontecer na Idade Média, a partir do renascimento comercial, do surgimento dos bancos e das dívidas. Depois foi a vez de perceber que o mesmo raciocínio poderia representar temperaturas abaixo de zero. Aos poucos, as necessidades práticas acabaram provocando o aparecimento dos números negativos.

Muita gente ainda pensa que não existem números menores que zero.

Todos os dias, o "sobe" (+) e "desce" (−) das ações agitam as Bolsas de Valores do mundo todo.
Na foto, a Bolsa de Valores de São Paulo.

Curiosidades
Informações curiosas e divertidas

O **calendário** é uma convenção

O Papa Gregório XIII escolheu o ano do nascimento de Jesus Cristo para ser o ano *um*. E essa referência foi adotada pela maioria dos países ocidentais. O ano zero não existe no calendário gregoriano, mas deveria ser o ano imediatamente anterior ao do nascimento de Cristo. Assim, o ano 1.º a.C. seria 0 e não –1.

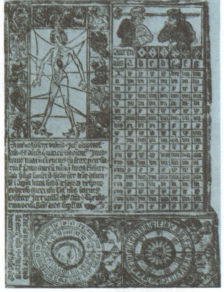

O mês de abril nas tábuas oficiais do calendário romano.

Antártica

Temperaturas **extremas**

A temperatura mais alta já registrada na Terra foi de 58 °C, em El Azízia, na Líbia, em 13 de setembro 1922. Já a menor temperatura registrada foi de –89,2 °C, na estação Vostok, na Antártica, em 21 de julho de 1983. Quantos graus de diferença há entre esses dois recordes?

Tomar nada de chá

Matemático e escritor inglês, Lewis Carrol (1832-1898) é autor de uma das mais famosas obras da literatura infantil, *Alice no País das Maravilhas*, escrita em 1865. O que você acha do diálogo abaixo entre dois de seus personagens, Alice e a Lebre de Março?

— *Tome um pouco mais de chá* — disse a Lebre de Março, muito séria.
— *Ainda não tomei nada* — respondeu Alice, ofendida. — *Então não posso tomar mais.*
— *Não pode é tomar* menos. *Mais* você pode, claro — disse a Lebre. — *É muito fácil tomar* mais *do que nada.*

CARROLL, Lewis. *Alice no País das Maravilhas*. São Paulo, Ática, 1997. p. 76.

O ponto mais alto e o ponto mais baixo

Monte Everest

O ponto mais alto da Terra é o monte Everest, localizado na fronteira entre o Nepal e a China, com +8 848 metros. O ponto mais baixo na superfície terrestre é a fossa de Sonda, no oceano Pacífico, com −10 790 metros. Qual é a diferença de altitude entre o ponto mais alto e o mais baixo da Terra?

Dia a dia
Matemática na prática

Que frio!

"Nesta madrugada, a temperatura deve descer 16 graus... Em que marca ficará o termômetro?"

Quem está mais rico, Paulo ou Roberto?

PAULO: "Eu devo R$ 27,00"
ROBERTO: "Eu devo R$ 32,00"

"Lembre-se de que com dívidas, quanto maior, pior!"

Para o sorvete não derreter

Em algumas embalagens de sorvete, vinha escrito: "Temperatura de conservação: –15 °C (ou mais)".

Mas essa informação não estava correta.

Deveria aparecer: "–15 °C ou menos". Se a temperatura aumentasse, ou seja, se ela ficasse maior ("ou mais") que –15 °C, isto é, –14 °C, –13 °C, o sorvete começaria a derreter.

Jogos e desafios
Teste seus conhecimentos

1) Observe a ilustração abaixo e responda: quantas imagens do garoto existem no espelho? A primeira está invertida de costas, a segunda inverte a primeira, ou seja, inverte a invertida e fica direita. Cada imagem é invertida, só que a inversa da inversa é direita. Imagem ímpar é invertida e imagem par é direita.

2) Quem é criminoso?

3) Qual é o lado avesso do avesso de uma blusa?

Respostas:
Curiosidades
• Diferença entre os dois recordes de temperatura: 147,2 °C.
• Diferença de altitude entre o ponto mais alto e o mais baixo da Terra: 19 638 metros.
Dia a dia
• O termômetro irá marcar −6 °C.
• Paulo é mais rico, pois −27 é maior que −32.
Jogos e desafios
1) Infinitas imagens.
2) O primeiro rapaz e, talvez, o último, porque se ele não roubou nada, pode ter roubado algo.
3) O lado direito.